SUPERANDO suas angústias

Um caminho espiritual para lidar com os traumas e sofrimentos

FREI ANTONIO LEANDRO DA SILVA

SUPERANDO suas angústias

Um caminho espiritual para lidar com os traumas e sofrimentos

"Siga-me, e deixe que os mortos sepultem seus próprios mortos."
(Mt 8,22)

EDITORA
SANTUÁRIO

Dados Internacionais de Catalogação na Publicação (CIP) de acordo com ISBD

S498s Silva, Antonio Leandro da

Superando suas angústias: um caminho espiritual para lidar com os traumas e sofrimentos / Antonio Leandro da Silva. - Aparecida : Editora Santuário, 2023.
128 p. ; 14cm x 21cm.

Inclui índice.
ISBN: 978-65-5527-272-7

1. Religião. 2. Espiritualidade. I. Título.

CDD 200
2022-3871 CDU 2

Elaborado por Odilio Hilario Moreira Junior - CRB-8/9949

Índice para catálogo sistemático:
1. Religião 200
2. Religião 3

2ª impressão

Rua Pe. Claro Monteiro, 342 – 12570-045 – Aparecida-SP
Tel.: 12 3104-2000 – Televendas: 0800 - 0 16 00 04
www.editorasantuario.com.br
vendas@editorasantuario.com.br

In Memoriam

Minha mãe, Maria Leandro da Silva.
Meu pai, Pedro Paulo da Silva.

Agradecimentos

Meus agradecimentos aos confrades, particularmente, aos do Convento Nossa Senhora dos Remédios, em Piripiri, PI, pelo apoio e pela solicitude a minha produção literária; a meus familiares e parentes; aos amigos e às amigas da Paróquia Nossa Senhora dos Remédios de Piripiri, PI; a meu irmão no sacerdócio, Dr. Pe. Medoro de Oliveira Souza Neto, ITF – Instituto Teológico Franciscano Petrópolis, RJ, por sua sensibilidade e solicitude em escrever sabiamente a apresentação do livro; aos amigos e às amigas da Sociedade Literária de Teresina, particularmente Leonardo Dias, pelo incentivo para que eu escrevesse uma obra religiosa reflexiva; a minha amiga Francisca Emanuely Barros de Melo, com quem detive muitas horas refletindo sobre questões existenciais relacionadas aos jovens; enfim, àquelas pessoas que me autorizaram publicar seus depoimentos, resguardando seus nomes.

SUMÁRIO

SUMÁRIO

Apresentação

A cultura pós-moderna, na qual estamos inseridos, vem resgatando pseudovalores, que parecem poder fortalecer a subjetividade humana. Assim, assistimos às novas práticas religiosas fundamentalistas, conservadoras e, por mais contraditórias que possam ser, também esotéricas e holísticas, muitas vezes até convivendo com elas. Não obstante a volta do sagrado, observamos que tais experiências religiosas, inclusive dentro de amplos setores do cristianismo, vêm sendo insuficientes ou incapazes de preencher o vazio existencial predominante, que vem levando muita gente à torturante solidão, ao abissal vazio existencial, ao descuido pela fraternidade, à omissão diante da injustiça e exclusão social, à violência homicida, ao individualismo e à consequência pessoal mais cruel, o suicídio.

E a raiz última da infelicidade humana, nessa sociedade da aparência, de homens e mulheres, de todas as idades, é o fechamento da abertura existencial ao sentido último da vida, ao Transcendente, ao Mistério, a Deus mesmo, como revelou historicamente Jesus Cristo. O horizonte existencial é míope. E tal situação de desumanização e desominização, presente também em outras épocas, teve como mesma raiz o ateísmo e a idolatria do ter, do poder ou do aparecer. Por isso todo avanço científico nas áreas da psicologia, da psicanálise e até mesmo da psiquiatria e neurologia não vem sendo suficiente para restaurar o gosto pela vida, a alegria de viver. Passa-se anos e anos fazendo terapias que dão prazer de viver imediato, mas não continuado. A alma continua a gritar.

Frei Antonio Leandro dá uma resposta relevante e pertinente. Relevante por responder à desafiadora missão com uma espiritualidade inculturada, dialogal e consequente. Dá gosto de ser lida por dar gosto de viver! E pertinente no conteúdo e na metodologia elaborados. Parte da recuperação da faculdade do esquecimento e da inocência, atento para não tomar o próprio veneno do ressentimento, pois este leva ao desânimo existencial, à depressão, ao suicídio. Daí o desafiador e eficaz caminho da remoção das mortalhas passadas, sem culpar os outros pelos fracassos e obstáculos. Isso implica superar o medo do outro, as insatisfações interiores, a barbárie que ameaça a sobrevivência da humanidade, enfim, a superação de si mesmo. E todos os capítulos sob a mesma estrutura didática bíblico-existencial. Espiritualidade do bem viver!

Dr. Pe. Medoro de Oliveira Souza Neto
ITF – Instituto Teológico Franciscano
Petrópolis, RJ

Introdução

O presente livro é fruto de uma longa experiência de vida como religioso e sacerdote franciscano. Foram trinta anos de pleno serviço prestado ao Povo de Deus. A missão não apenas me mostrou desafios, limitações e dificuldades, mas também me fez crescer e amadurecer humana e espiritualmente. As conquistas foram inúmeras! Deus presenteou-me com muitas graças e muitos dons. Os momentos felizes somam muito mais do que os que me entristeceram, ao longo da caminhada!

Em meus quarenta anos de vida religiosa, tornei-me pároco por mais de quinze anos; depois, retomei os estudos acadêmicos, frequentando a academia doze anos – bacharelado, mestrado e doutorado; enfim, durante seis anos, ministrei aulas para instituições de Ensino Superior (Campo Maior e Teresina). Fazem parte ainda desse currículo minhas inspirações e transpirações para a escrita.

Olhando pelo retrovisor de minha vida, somente percebo acontecimentos que me edificaram enquanto homem negro, religioso e sacerdote! Por isso não há espaços para queixas, lamentações e ressentimentos! Guardo, no silêncio do coração, uma enorme gratidão por tudo que meus pais me ofereceram; as possibilidades que minha instituição franciscana me proporcionou; os incentivos de meus professores e de minhas professoras das instituições acadêmicas; enfim, as pessoas de boa vontade, benfeitoras, leigos e leigas paroquianos, que estiveram sempre a meu lado, dando-me forças, apoio e oportunidades.

O livro trata de experiências de vida de pessoas que buscaram algum aconselhamento espiritual, cujos nomes são omitidos. Em algumas delas, eu percebia um arraigado ressentimento, má consciência, negação de si, cujas formas de manifestações de tais atitudes e ações negativas eram diversas e diferentes. O inclinar o ouvido para esses "outros" implicou-me "perder" horas escutando seus problemas existenciais, que se tornaram sérios obstáculos no processo de superação dessas pessoas. Emprestei-lhes meu ouvido para sondar seus corações, sentindo-os em seus momentos angustiantes, despedaçados e inseguros.

Essas pessoas encontravam-se desanimadas, em uma "apatia paralisante" existencialmente, querendo desistir da vida. Não sentiam o gosto existencial; não havia propósito interior nem sentido de vida nem desejos. Foram tomados pelo sentimento do niilismo, isto é, do *nada*. Somente vinha-lhes a sensação de desejo de desaparecer da face da terra. Para alguns, os limites já lhes indicavam o fim existencial.

Lembrando das atitudes de Jesus Cristo, procurei afetá-los com palavras que os fizessem sentir motivados e retomassem algum projeto que lhes desse a meta a ser perseguida: um propósito que lhes pudesse favorecer o entusiasmo para a vida. Como dizia Santo Agostinho: "O entusiasmo é o sal da alma". Reavivar nessas pessoas esse entusiasmo, passava pelo processo de encontro delas com JESUS CRISTO, pois Ele mesmo disse: "Eu sou o Caminho, a Verdade e a Vida" (Jo 14,6). Em uma outra passagem, Ele afirmou: "Vós sois o sal da terra" (Mt 5,13). Com efeito, somente Jesus pode dar-lhes o verdadeiro sal para suas almas: a alegria de dar sentido a suas vidas.

Neste livro, as pessoas encontram algumas orientações de como podem superar alguns de seus problemas existenciais, pois elas mesmas se tornam seus primeiros protagonistas de como se libertar das mortalhas que trazem do passado e, superando tais sofrimentos da alma, caminhar livres e saudáveis neste mundo. Contudo, basta que levem até o fim o que Jesus nos pede: "SIGA-ME! E DEIXE QUE OS MORTOS SEPULTEM SEUS PRÓPRIOS MORTOS" (Mt 8,22).

Não é um livro de autoajuda senão reflexivo, orientado a pessoas que guardam algum trauma, medo ou ressentimento, para que deixem suas mortalhas sepultadas, a fim de que, no presente, não tragam o sofrimento na alma nem tomem o caminho do ódio, da revolta, do nada. Superando tudo isso, podem viver com intensidade novos momentos existenciais prazerosos na vida.

O livro é bastante pedagógico porque cada capítulo segue uma sequência – uma reflexão introdutória, um drama existencial real, uma orientação para se cuidar da higiene mental, questões que auxiliam na terapia existencial, um texto reflexivo, como indicação para leitura pessoal, e uma indicação bíblica, a partir do método da leitura orante. Creio que será um método fácil de o leitor mergulhar nos meandros da oração e meditação.

Antes de você iniciar a leitura deste livro, responda às seguintes perguntas abaixo. Não são de autoajuda, mas de funda reflexão para sua vida.

1. Que problemas você traz consigo desde a infância e a adolescência?
2. Você tem dificuldade de esquecer tais problemas?
3. Que sentimentos negativos esses problemas geram em você?
4. Seu rancor, ódio, contra os outros, demora muito a passar ou não?
5. De que forma você tenta curar as feridas do passado?
6. Facilmente, você manifesta comportamentos raivosos e rancorosos em relação a alguém?

7. Você culpa sempre o outro por seus fracassos, obstáculos e problemas existenciais?
8. O acúmulo de ressentimento em sua vida a que consequências poderá lhe levar?
9. Você sente dificuldade de perdoar a si e aos outros?
10. Você mostra-se nervoso(a) e muito sensível diante de certos fatos ou pessoas?
11. Você tem dificuldade de confiar em novas relações?
12. Você sente-se desprezado(a), quando alguém não lhe dá a devida atenção?

Meu amigo leitor, minha amiga leitora, não nos deixemos tomar pelo medo, pelo ressentimento e pela dispepsia, ou seja, aquele mal-estar, aquela indigestão psíquica que nos adoece. Precisamos nos desvencilhar de tudo aquilo que nos causa indigestão espiritual e mental; procuremos livrar-nos do sofrimento da alma; busquemos navegar no mar do perdão, da alegria e da inocência, como a criança diante de seus dissabores; não nos deixemos envenenar por nossos próprios sentimentos negativos, pessimistas, fatalistas nem pela vitimização. Descubramos, positivamente, aquilo que nos afeta interiormente, para que assim possamos superar a nós mesmos: uma vontade de potência que nos faz inebriar de uma espiritualidade, de onde emanam aquela perene alegria e embriaguez pela vida.

1

Recuperar a faculdade do esquecimento e da inocência

Em meu livro *Os indivíduos sem religião: desencantamento metafísico do mundo* (2013), discorro sobre o ressentimento e aponto para a importância da "faculdade do esquecimento", pois o indivíduo moderno perdeu totalmente essa faculdade *(Die Vergessenheit)*. O que significa essa faculdade? – É "uma força inibidora ativa, positiva no mais rigoroso sentido" (*GM,* II, § 1). Essa força ativa é responsável por fazer com que as situações negativas, experimentadas, vivenciadas, acolhidas pelo indivíduo, não penetrem em sua consciência de forma negativa, doentia, como no "estado de digestão", como ocorre na "assimilação física" (*GM,* II, § 1) – como exemplo, a alimentação (SILVA, 2013, p. 187). Não permitir que essa digestão ocorra também na "assimilação psíquica", pois resulta em mal-estar espiritual.

O que isso implica?

Implica que a pessoa danificou a faculdade do esquecimento. Ela não funciona mais. Na assimilação física, o dispéptico, por excesso de bebidas ou alimentos, não consegue digeri-los e sofre a dispepsia, ou seja, um mal-estar, uma indigestão, uma sensação de incômodo, queimação, arrotos. Popularmente, seria empanturrar-se de bebidas e comidas, sentindo-se cheio demais, quase morrendo sufocado.

De igual forma, na assimilação psíquica, o dispéptico "de nada consegue dar conta" (*GM,* II, § 1). A consciência da pessoa, empanturrada de excesso de vivências negativas, transformadas em sentimentos e pensamentos negativos, as mortalhas passadas, imagens horríveis, não consegue digeri-las. Continuamente é tomada por um peso de má consciência, culpa, medo do inferno, causando-lhe um mal-estar psíquico. Como culpável, a nada reage, pois sente-se preso às marcas do passado. Parar de remoer tais marcas é o melhor remédio para se livrar dos mortos. E dos meios para se superar é habituar-se para a faculdade do aceitar e esquecer.

Jesus Cristo ensina-nos a não acumularmos lixões de ressentimentos, pois estes destroem a vida e as relações humanas e sociais. Ele aconselha que a melhor forma de superarmos o ressentimento é saindo de nós mesmos: irmos ao encontro do outro e, com humildade, oferecer-lhe o perdão.

Aconselha-nos Jesus: "Se você for até o altar para levar sua oferta, e aí se lembrar de que seu irmão tem alguma coisa contra você, deixe a oferta aí, diante do altar, e vá primeiro fazer as pazes com seu irmão; depois, volte para apresentar a oferta" (Mt 5,23-26).

A verdadeira oferta agradável a Deus é aquela que não vem manchada de rancor, ódio, raiva, exploração contra o outro. Interessante perceber que Ele não diz: "Se você tem alguma coisa contra seu irmão", mas "se você lembrar que seu irmão tem alguma coisa contra você". Vejamos. Simplesmente ao lembrarmos que alguém guarda, em seu coração, algum ressentimento contra nós, devemos, imediatamente, ir reconciliar-nos com ele. Isso implica que devemos dar o primeiro passo em busca da reconciliação. Às vezes, cometemos atos que quebram as relações de benquerença, amor, paz e harmonia, com nosso próximo, por isso é necessário darmos esse passo, para refazer os laços de *nós* interrompidos por nosso egoísmo, nossa soberba, nossa autossuficiência, nosso orgulho.

Há outra passagem bíblica em que Jesus aconselha seus discípulos a manterem-se pacíficos, quando afirma: "Felizes vocês, se forem insultados e perseguidos, e se disserem todo tipo de calúnia contra vocês, por causa de mim. Fiquem alegres e contentes, porque será grande para vocês a recompensa no céu" (Mt 5,11-12; Lc 6,22-23).

O texto acima instrui os discípulos a não se ressentirem em meio às adversidades de comportamentos contrários a seus ensinamentos. Devem ficar alegres e contentes, e não rancorosos, ressentidos, raivosos contra aqueles que são contra o Reino de Deus. O próprio Jesus, nos instantes de sua morte, suplicou: "Pai, perdoa-lhes! Eles não sabem o que fazem" (Lc 23,34). E assim, Ele torna-se modelo a ser seguido, mesmo que, em muitas ocasiões, levados pela ignorância, pratiquemos atos, atitudes, palavras e ações que contrariam o mandamento do amor.

Jesus ensina-nos o modo de nos curarmos contra o ressentimento: a alegria. Aqui se encontra a faculdade do esquecimento, da inocência da criança, que não guarda nada que desestabilize a alma.

São Francisco de Assis torna-se também uma excelente referência para quem busca, sem ressentimento, crescer e amadurecer no relacionamento com os outros. Ele segue o mesmo ensinamento de Jesus, diante das tribulações sofridas no mundo. Afirma: "Antes devemos nos regozijar, 'quando cairmos em diversas provações' (Tg 1,2), e sofrermos neste mundo na alma e no corpo toda sorte de angústias e tribulações, por causa da vida eterna" (RnB, 17,9).

Outro exemplo modelar é o de São João da Cruz. A filósofa alemã, Edith Stein, uma santa que foi levada ao campo de concentração pelo nazismo, onde foi executada, narra que o santo passou por duras provações dentro da própria Ordem Carmelita, quando se pôs a reformá-la. Os monges, contrários às necessárias mudanças, raptaram João da Cruz, fazendo-o refém em uma prisão no "convento de Nossa Senhora de Toledo". Aqui, "submetendo a interrogatórios e, como se recusasse a renunciar à Reforma, trataram-no como rebelde. Sua prisão era um cubículo de cerca de 3m de comprimento por 2m de largura, no qual, embora fosse de estatura baixa, mal podia ficar em pé" (STEIN, 2019, p. 30).

Na prisão, João da Cruz, além de ser proibido de presidir missa diária, passou muitas necessidades e maus-tratos. Como descreve Stein, "a porta estava fechada com um cadeado (...). De início, ele era levado ao refeitório todas as tardes; posteriormente, três vezes por semana e, enfim, somente às sextas-feiras. Lá, sentado no chão, comia pão e água. No refeitório, era-lhe também aplicada a disciplina. Ajoelhado, descoberto até a cintura, de cabeça inclinada, recebia os açoites de todos. Como suportasse tudo "com paciência e amor", chamavam-no de covarde (...). Seu hábito ficava ensopado de sangue pelas flagelações, mas ele tinha de tornar a vesti-lo e usá-lo durante os nove meses de prisão" (STEIN, 2019, p. 31).

Nove meses foram de sofrimento, de "privações ainda dolorosas". Por que os frades agiam assim com uma pessoa de Deus? – Inveja? Ódio? Ressentimento? – Tudo isso pode sentir o ser humano quando não ama o outro. E o contratestemunho torna-se mais questionável quando a violência é praticada pelo superior, como ocorrera com João da Cruz.

Relata Stein que, uma vez, São João recebera a visita do superior, acompanhado de outros dois frades. Como o prisioneiro mal podia mover-se, não levantou os olhos, supondo ser o carcereiro que entrara. O prior chutou-o e lhe perguntou por que não se levantava em sua presença. Desculpando-se João disse que não o notara (STEIN, 2019, p. 31).

Para superar a "maldade dos inimigos encarniçados, privado das consolações humanas e da fonte de energias que é a vida sacramental da Igreja" (STEIN, 2019, p. 31), João da Cruz buscava recuperar as forças na contemplação no mistério do sacrifício de Jesus Cristo diante da Cruz. Ele guardava a convicção de que a "força redentora foi conferida ao Verbo, na cruz, e estendendo a todos os que acolhem o Verbo de coração aberto, sem exigir milagres ou argumentos intelectuais de sabedoria humana" (STEIN, 2019, p. 23).

O que se pode perceber é uma vida sem ressentimento dos inimigos encarniçados! Acolhia todos os tipos de maus-tratos com paciência e resignação, pois sabia que a esperança não decepciona. Por amor a Jesus, suportava tudo porque tinha consciência de que "seu espírito não estava encarcerado; pois poderia elevar-se àquela fonte de eterna água viva, perder-se na meditação de suas insondáveis profundezas, mergulhar na torrente que sacia todas as criaturas e, entre elas, seu próprio coração. Nenhum poder humano o poderia separar de Deus – Deus, porém, poderia retirar-se dele" (STEIN, 2019, p. 32).

João da Cruz pode nos ensinar como superar o ressentimento contra aqueles que nos fazem algum mal, alguma violência, difamação, calúnia, algum assédio sexual, moral, ou mesmo perseguição. O corpo dessas pessoas pode estar preso ao passado, mas seu espírito não está encarcerado. Pense sempre: "Deus cuida de cada alma em particular. Cada alma é, em si, para ele, uma esposa, toda cercada de carinho e de fidelidade conjugal e paternal" (STEIN, 2019, p. 22).

Homem de funda contemplação do Crucificado. Na primeira aparição de Jesus Crucificado a São João da Cruz, que aconteceu quando ele estava "imerso, um dia, na contemplação dos sofrimentos na cruz, apresentou-se--lhe visivelmente o Cristo Crucificado, coberto de chagas e inundando de sangue. Tão viva e real foi a aparição que o santo, voltando a si, conseguiu fixá-la em um desenho a bico-de-pena" (STEIN, 2019, p. 26).

A história da vida desse santo pode servir de fonte inspiradora para aquelas pessoas que carregam, na alma, alguma marca negativa do passado. O melhor remédio é a aceitação e o esquecimento. As marcas do passado estão em nosso inconsciente e, vez por outra, elas invadem nosso consciente. Porém o importante é, quando adentrarem, sabermos aceitá-las e removê-las com sabedoria, para que não nos venham a maltratar psicologicamente.

Drama existencial

O drama existencial é de um jovem que, certa vez, procurou-me para um aconselhamento. Nesse tempo, eu ainda residia em São Paulo. Foi um bate-papo muito descontraído, sincero e espirituoso! Ele, uma pessoa branca, alta, magra, olhos grandes, muito sorridente. Deixei-o bem à vontade, pois, naquela manhã, encontrava-me disponível para escutar o angustiado jovem! Somente disponibilizando tempo, escutamos o outro em suas necessidades e os apaziguamos em momentos de sofrimento da alma.

O jovem contou-me tudo sobre sua vida. Sua mente – que passo a chamar de *HD* – estava superlotada de dados inúteis para sua existência, precisando desfragmentá-la e, eliminando-os, inserir coisas novas, saudáveis e positivas. Coisas que pudessem melhorar sua qualidade de vida mental e emocional. Assim trazia montanhas de pensamentos e sentimentos negativos: revolta com a vida, ódio dos pais, inimizade no trabalho, conflitos com a namorada; no trânsito, xingou alguém; não se concentrava mais nos estudos; não rezava e desistira das leituras bíblicas diárias.

Argumentou também que, para dar vazão a tais situações, passou a ficar horas no computador, pesquisando sítios pornográficos, resultando em masturbações contínuas. Dormia tarde da noite. Muitas noites, acordava sobressaltado, por causa de imagens assustadoras ou pesadelos violentos. Na manhã seguinte, estava exausto, nervoso e ressentido do que fizera. O dia era marcado por uma forte ansiedade. Tudo isso e mais outras coisas deixavam-no com profunda má consciência e medo de Deus julgá-lo e castigá-lo.

Diante dessa maneira de viver, introduzia em seu ser uma forte depressão. A tristeza já tomara todo o seu interior. O murmúrio se tornara seu veneno. Não sentia ânimo para nada, senão se isolar da família e dos amigos e das amigas. Foi crescendo dentro de si uma vontade de sumir do mundo, pois a existência não significava mais nada. Considerava-se um lixo que deveria ser jogado muito longe dos humanos. Não sentia o desejo de ir às missas dominicais nem rezar, em nenhum momento do dia. Ou seja, uma vida sem sal nem luz, sem sabor nem brilho. Enfim, começara a pensar, como saída, o suicídio.

Cuidar da higiene mental

Jesus Cristo disse que "o homem bom tira coisas boas de seu bom tesouro, e o homem mau, porém, tira coisas más de seu mau tesouro" (Mt 12,35). Os discípulos de Jesus, diferentemente dos fariseus e escribas, deviam vigiar a si para que não manchassem seus corações, pois "aquilo que sai da boca provêm do coração, e é isso que mancha o homem. Porque é do coração que provêm os maus pensamentos, os homicídios, os adultérios, as impurezas, os furtos, os falsos testemunhos, as calúnias. Eis o que mancha o homem" (Mt 15,18-20).

O bom tesouro é o coração. Esse é o lugar do encontro com Deus. O crente deve amá-lo de todo o coração. Bem nos orienta o Profeta Isaías: "Buscai o Senhor, enquanto pode ser achado; invocai-o, enquanto ele está perto" (Is 55,6). Lá no mais profundo, Deus fala ao crente que, atentamente, põe os ouvidos do coração diante do Senhor, como descreve Santo Agostinho nas Confissões: "Os ouvidos de meu coração estão diante de ti, Senhor; abre-os e 'dize a minha al/ma: Eu sou tua salvação'" (Livro I, 5).

A alma de Agostinho deseja repousar em Deus. Contudo, para isso, ele buscou-o até repousar a alma no Senhor, que permanece sempre perto daquele que o invoca de todo o coração. Essa é a busca incessante do ser que tem sede de Deus. Cabe a nós, buscá-lo.

Pesquisando na internet, compreendi que o termo *HD* é uma palavra do Inglês e significa *Hard Disk*, no português, *Disco Rígido*. Ele é a memória do computador, onde se armazenam todos os dados informativos. Na memória *RAM*, guarda-se tudo, mesmo quando a desligamos. Essa é o cérebro da máquina. Porém, no próprio computador, há duas ferramentas importantes: uma chamada "*Limpeza de disco*", e a outra, "*Desfragmentador de Disco*".

A primeira tem a função de eliminar tudo o que não tem valor como arquivo, liberando espaços para novos arquivos, ou seja, elimina dados que foram se armazenando, porém sem valor nenhum. Enquanto o *Desfragmentador de Disco* tem a função de analisar o *status* e desfragmentar unidades do disco rígido, tornando o computador mais rápido e eficiente, ganhando espaço para se armazenar novos arquivos. Ele põe ordem no *HD* e finaliza a limpeza do computador.

Nossa mente é semelhante ao *HD* do computador, pois nela armazenamos tudo que ocorre conosco, desde a infância até a velhice. Esse *disco rígido* situa-se em nosso inconsciente. Imaginemos sua capacidade gigantesca, podendo armazenar milhões de informações! Não saberia dizer quantos *giga bits*. Só sei que nesse *HD* armazenamos tanto acontecimentos e momentos ruins e negativos quanto bons e positivos. Imaginemos quantos momentos maravilhosos não rememorizamos diariamente, sobretudo, aqueles da infância, da adolescência e da juventude! Muitas delas saudáveis e prazerosas, as quais deveríamos tomá-las como vivências divinas e sagradas!

Acumulamos também informações e acontecimentos traumáticos, trágicos, negativos, que nos fazem sofrer profundamente, cada vez que os rememorizamos! Eles nos aterrorizam, transformando-nos em verdadeiros esquizofrênicos. Há pessoas que, mesmo depois de muitos anos, ainda os trazem em seu inconsciente. São fantasmas angustiando suas existências. Estão cravados no inconsciente de forma tão profunda que não há como desfragmentá-los. Tais pessoas sofrem muito na alma. Algumas fazem um tremendo esforço para se libertar, mas não conseguem; outras, para fugir de tal realidade, por medo de encará-las, tornam-se dependentes químicas, quando não cometem suicídio.

Como desfragmentar tudo isso do inconsciente, para nos deixar esvaziado do passado doentio e saudável no presente?

O filósofo francês Luc Ferry, em uma de suas obras, reflete que a morte é o que não nos faz viver o presente feliz. Não que vivemos pensando o tempo todo sobre a morte, mas porque, segundo Ferry, "a irreversibilidade do curso das coisas, que é uma forma de morte no interior mesmo da vida, ameaça-nos de sempre nos arrastar para uma dimensão do tempo que corrompe a existência:

a do passado, onde se instalam os grandes corruptores da felicidade que são a nostalgia e a culpa, o arrependimento e o remorso" (FERRY, 2007, p. 25).

Nesse caso, há duas questões que muitas pessoas devem superar: a nostalgia e o remorso. Ambas lhes fazem sofrer profundamente. Em algumas pessoas mais do que em outras. A nostalgia, quando entra em nossa lembrança, pode suscitar comportamentos, atitudes e sentimentos que as deixam sufocados, empanturrados, psicologicamente, de imagens negativas.

O sonho seria um tipo de mecanismo de limpeza do inconsciente, cuja função seria fazer uma varredura para eliminar todos os arquivos desnecessários da mente. Outras formas de desfragmentar as sujeiras seriam conversar com pessoas amigas, com psicólogos, procurar um sacerdote para se confessar, ler um livro ou um texto bíblico.

Há uma forma espetacular que nos ajuda a desfragmentar nosso *HD*: reconhecer as fragilidades e fraquezas e perdoar a si mesmo pelos erros cometidos e saber, com humildade, recorrer à misericórdia de Deus e reconciliar-se com alguém que o ofendeu. O Apóstolo Pedro, certa vez, reconhecendo sua fragilidade, suplicou a Jesus: "Senhor, afasta-te de mim, porque sou um pecador" (Lc 5,8). Em sua humildade, escondia uma grandeza: reconhecer-se pecador, ajoelhar-se e pedir perdão por sua fraqueza. Desse gesto de pequenez, ao lançar-se aos pés do Mestre, Jesus reconhece sua integridade, para não chamar de mediocridade, e concede-lhe a graça do perdão, dando-lhe ainda mais a missão de ser pescador de homens.

São Francisco de Assis aconselha os frades para que tenham um "coração e espírito puros para adorar e ver sempre o Deus vivo e verdadeiro" (Adm 16,2). Devem reter no "coração o altíssimo e sumo Deus eterno, trino e uno, Pai, Filho e Espírito Santo" (1Regra Não-Bulada, 23,32), "conservar no fundo do coração (Lc 2,51)" os dons que recebera gratuitamente do Senhor, enfim, procurar ser vigilantes, pois o coração é fonte também do pecado.

Aprendamos com o Apóstolo Pedro: recorrer sempre à misericórdia de Deus, reconciliar-se consigo mesmo e com o outro. Eis, portanto, uma excelente terapia existencial!

Texto Reflexivo

Desejo de Deus

"Quem me fará descansar em ti? Quem fará com que venhas a meu coração e o inebries a ponto de se esquecer meus males, e me abraçar a ti, meu único bem? Que é para mim? Tem misericórdia, para que eu fale. Que sou eu a teus olhos, para que me ordenes a amar-te e, se eu não o fizer, te indignares e me ameaçares com imensas desventuras? Como se o não te amar já fosse desgraça pequena! Dize-me, por compaixão, Senhor meu Deus, o que és tu para mim? 'Dize a minha alma: Eu sou tua salvação'. Dize de forma que eu te escute. Os ouvidos de meu coração estão diante de ti, Senhor; abre-os e 'dize a minha alma: Eu sou tua salvação'. Correrei atrás destas palavras e te segurarei. Não escondas de mim tua face: que eu morra para contemplá-la e para não morrer!
Minha alma é morada muito estreita para te receber: será alargada por ti, Senhor. Está em ruínas: restaura-a! Tem coisas que ofendem a teus olhos: eu o sei e confesso. Mas quem pode purificá-la? A quem, senão a ti, eu clamarei: 'Purifica-me, Senhor, dos pecados ocultos, e perdoa a teu servo as culpas alheias'? Creio, e por isso falo, Senhor: tu o sabes. Não te confessei a maldade de meu coração'? Não discuto contigo, que és a verdade, e não quero enganar a mim mesmo, para que minha iniquidade não minta a si mesma. Não discuto contigo porque, se te lembrares de nossos pecados, Senhor, quem suportará teu olhar'?" (Santo Agostinho, Confissões, Livro I,5).

Terapia existencial

1. Como estou cuidando de minha higiene mental? – Utilize um recurso para fazer uma varredura em sua mente, para limpar todos os excessos de ressentimentos.
2. Qual é a origem de meu desânimo existencial? – Tente encontrar a raiz.
3. Quem ou o que me faz sentir esse desânimo? – Traga à memória pessoas, lugares, eventos, falas, insultos, difamações.
4. Como posso reagir a essa tristeza existencial? – Escolha os melhores meios (terapêuticos) para confrontar o drama com sua realidade atual.

5. Que recursos teóricos vou utilizar para meditar e superar meu desânimo existencial? – Escolha o que de melhor pode levar seu espírito à leveza da alma, apesar das marcas da tristeza (Leitura Orante da Palavra de Deus, leitura de um livro, participação em um grupo de oração, descobrir algum potencial para escrever, pintar, dançar, pescar, cantar).
6. Como segurar na mão de Jesus, em momentos de higienização mental?
7. O que você pode aprender com o testemunho de São João da Cruz, diante das maldades de seus inimigos encarniçados?

Leitura Orante da Palavra: Mt 15,1-20.

Escutar: O que a Palavra diz em si?
Meditar: O que a Palavra diz para mim, hoje?
Orar: O que a Palavra me faz dizer?
Contemplar: A Palavra me leva ao coração de Deus!
Agir transformador: A Palavra leva-me aos outros.

2

Não tomar o próprio veneno: o ressentimento

Discutir sobre o ressentimento é tocar em um ponto bastante presente na vida de algumas pessoas. Escreve Nietzsche que "o autêntico *problema trágico* de nosso mundo moderno" é o *Nihilismo* (NIETZSCHE, 2007, p. 51). Isso implica em: a falta de meta; a falta de resposta ao "por quê?" O "que significa nihilismo? – *que os valores supremos se desvalorizam*" (NIETZSCHE, 2007, p. 54). Essas são palavras do filósofo alemão Friedrich Nietzsche (1844-1900). Pensador de sua época, colocou em xeque as ideias filosóficas, teológicas e científicas que dominavam o pensamento Ocidental. Como uma dinamite, com suas ideias impactantes, implodiu estruturas arraigadas ao logo de muitos séculos.

O século XXI foi tomado pela falta de perspectiva de muitos indivíduos, encapsulados por um sentimento de desânimo existencial, de uma apatia paralisante, que não os deixa perceber saídas para seus obstáculos e problemas, a não ser desistir da vida. Não dão respostas ao porquê de sua existência. Os valores, que antes serviam como conteúdo básico para a construção de suas identidades, hoje, não ganham mais importância; foram esvaziados de sentido para a vida. Como aponta esse filósofo: "Há uma rejeição radical de valor, de sentido, de desejabilidade" (NIETZSCHE, 2007, p. 47).

A sensação do "nada tem sentido" é um sintoma de que o século presente não vai bem. Durante meus quarenta anos, como religioso, tenho presenciado um século de esvaziamento de sentido da existência e abandono da crença nas instituições e nas visões transcendentais. Os conteúdos delas deixaram de ser referenciais para a construção de suas perspectivas e possibilidades, por isso não acreditam em suas promessas; desconfiam de suas visões de mundo e de suas doutrinas morais, religiosas, políticas. Consideram-nas incoerentes e inautênticas.

Por causa disso, os indivíduos não reagem; rejeitam os valores e costumes milenares; não professam credo algum; não há desejos que os afetem para continuar algum projeto de vida, de trabalho, de estudo. Não há propósito nem desejo, nem dão sentido à vida, elementos essenciais à estrutura psíquica do ser humano. Pelo contrário, entregaram-se ao desânimo, ao pessimismo negativo, a apatia frente ao que lhes oferecem como saídas de seu universo fechado.

O niilismo reativo, negativo, conduziu (e está conduzindo) os indivíduos ao estado de passividade; eles não tomam para si a vida, pois a existência não tem sentido nem finalidade; o avanço do progresso material não os deixa felizes, e os conduz ao tédio, à angústia, ao medo, ao desespero, ao desânimo. Absorvem o sentimento de avaliar a "existência como uma punição" (NIETZSCHE).

O exemplo que passo a descrever revela uma pessoa tomada totalmente pelo ressentimento; em sua mente não vigoram o propósito, o sentido da vida nem o desejo de afirmar a existência; os valores e costumes não lhe servem como marcos balizadores, por isso o fim existencial seria tirar a própria vida. Porém uma luz, no fim do túnel, mostrou-lhe o Caminho verdadeiro para sua saída: o encontro com Jesus Cristo.

Drama existencial

O drama existencial que passo a descrever é real e fez-me pensar em escrever este livro. Nas várias conversas com o depoente da narrativa, percebi que eu precisaria dar mais atenção ao processo de libertação de dezenas de jovens que sofrem com as consequências da modernidade. Como estudioso das ciências humanas e religiosas, precisaria auxiliá-los na superação de seus medos, suas depressões e sua desistência da vida.

Em uma manhã, do mês de fevereiro de dois mil e vinte, acolhi em nosso convento, em Teresina, com muita atenção e hospitalidade, um rapaz pardo, alto, magro, de trinta e dois anos; tinha curso superior incompleto e não exercia nenhuma profissão. O moço era neto de uma senhora muito engajada e benfeitora daquela Paróquia.

Deixei-o à vontade para narrar os acontecimentos de sua vida.

Sem constrangimento e muito transparente, falou a respeito da situação atual em que estava vivendo. Contou ser dependente químico há alguns anos. O vazio existencial havia sido preenchido com substâncias químicas. Seu deus eram as drogas, o sexo e dinheiro. Fazia peregrinação em busca da deusa droga, para dar sentido à vida. Afastou-se de Deus, cujas consequências, segundo ele, foram a destruição da família e de si mesmo. Chegou ao fundo do poço. E já havia tentado se suicidar três vezes.

Lembrou que, desde jovem, buscava aprender as práticas malignas, lendo o livro de São Cipriano "Capa Preta". Ultimamente, estava cultuando a religião satânica, pois queria adquirir um poder super-humano. Disse também que a mentira tinha tomado sua vida. Não queria mais mentir, mas a tentação ainda era grande.

Silenciando meu coração, escutava atentamente o desabafo daquele jovem. Interroguei-me: meu Deus, por que esse rapaz está cultuando uma religião satânica e por que deseja adquirir um poder super-humano?

Pus-me a refletir sobre esse ser humano e suas mazelas: os sofrimentos da alma, a dependência química e a falta de propósito, de sentido da vida e o desejo de destruir a si mesmo.

Repentinamente, o rapaz introduziu um assunto que seria uma das razões de seus problemas: o pai. Redobrei a atenção, pois ali estava a chave do problema, pensei comigo. E era real. Deixei-o à vontade. Contou-me que guardava um ódio muito grande do pai. Procurava curar-se, mas ainda não sabia como. Havia nele uma ferida que sempre se lhe estourava quando relembrava o passado, relacionando-o ao pai.

Pensei comigo – o que deverá ter acontecido na relação entre pai e filho, a ponto de este criar um ódio tremendo daquele?

A pedra de toque do problema estava em sua eminência. A questão-chave do sofrimento existencial do jovem poderia ali ser revelada.

Conte o que aconteceu entre seu pai e você – solicitei-lhe.

Então veio à tona o problema. Narrou que, certa noite, ouviu o pai expressar para sua recém-namorada, após se separar de sua mãe, a seguinte frase: "Eu quero construir uma família com você, pois não sei o que é uma família". Eis a pedra de toque! Essa afirmativa fez com que uma criança, com quatro anos, nunca se esquecesse de tal consideração do pai. A partir desse fato, ela cresceu se perguntando: "Então, eu não sou parte de sua família? – Não pertenço a uma família?" – O gatilho da pistola sempre disparava em sua memória, quando ouvia essa tal sentença.

A criança tornou-se jovem e adulta, com esse mantra que não a libertava, ao longo de seus trinta anos. O sofrimento na alma: sentir-se rejeitado por alguém que o tinha como seu progenitor. A frase mal colocada continuava a ser uma flechada em seu peito, cuja ferida abria-se, cada vez que vinha à memória tal atitude do pai. Por causa desse fato, culpa-o da situação atual: drogar-se para se esquecer do fato. Já sofreu graves acidentes de moto, sua perna teve de passar por uma cirurgia, quase precisando ser amputada. Teve de inserir próteses.

O grau de ressentimento está tão arraigado na consciência, cujo sentimento de ódio e vingança lhe chega rotineiramente, por isso pensa em desempenhar todo tipo de maldade contra o pai, como meio de desforra da rejeição. Vem-lhe muitas ideações suicidas. Tudo isso para chamar a atenção do pai e da família. Porém parecia-lhe que de nada adiantaria, pois carregava a sensação de que não provocaria efeitos tangíveis. Teve de buscar outras formas ainda mais impactantes para lhe chamar a atenção. Alguns outros sucedâneos foram se multiplicando em suas tentativas de vingança.

Disso se compreende sua busca de apreender os feitiços indicados no livro de São Cipriano, no livro "Capa Preta", e o culto à religião satânica, procurando munir-se de uma força extraordinária que pudesse combater à do pai. Pensava que, munindo-se de forças de Lúcifer, poderia, como um super-humano, fazer com que seu progenitor sucumbisse. Era uma coisa de filme de ficção! Seu prazer seria ver o pai se humilhando a seus pés.

Como o ser humano tem a capacidade de travestir-se de forças para combater inimigos imagináveis! Porém outra tentativa maligna estava por vir.

Escreveu Nietzsche que o ressentido toma o veneno para matar o inimigo, mas engana-se, pois ele mesmo é quem, gradualmente, vai se definhando. Ele mesmo se mata com o veneno que ingere pensando em matar o outro.

Tendo ouvido o rapaz, despedimo-nos prometendo agendar outro encontro. Mas, passados alguns meses, soube, pela avó, que o neto havia se internado em uma Comunidade Terapêutica para Dependentes Químicos. Fiz questão de visitá-lo. Assim em uma manhã qualquer, procurei a Comunidade. Com solicitude fui recebido pelo coordenador do projeto, que me deixou à vontade para conversar com aquele jovem.

Na oportunidade, contou-me que, percebendo que estava sucumbindo na droga, já prestes a tentar a terceira tentativa de suicídio, pediu ajuda à avó, que o enviara àquela Comunidade Terapêutica. Revelou que estava animado e resoluto em mudar o rumo de sua vida. Já externava um propósito e um desejo. Ali seria a oportunidade para prosseguir superando seus dramas existenciais. Foi sincero ao dizer que teria de superar ainda a mentira, vício que não o deixara e que lhe causava muito sofrimento.

Senti-me bastante animado com seu estado de recuperação. Perguntei se já havia perdoado o pai. Respondeu que estava tentando preparar-se mental e espiritualmente. Mas, sorrindo, manifestou o desejo de partilhar outras atitudes e outros comportamentos, que guardava em seu interior. Assim contou mais uma de suas artimanhas.

Como as tentativas satânicas não havia surtido eficácia, partiu para uma que liquidasse seu algoz, o progenitor. Então narrou mais uma de suas artimanhas pretéritas. Aconteceu que, após sair do hospital, ao tempo que sofrera o acidente de moto, foi restabelecer-se na casa do pai. Curiosamente, conhecendo o local da adega, onde ele guardava uma garrafa de uísque, conservado há anos, adentrou no ambiente, pegou a bebida e, escondido, pôs-se a bebê-la.

Narrou que, cada gole de uísque ingerido, deixava-lhe uma sensação de prazer, soltando gargalhadas ininterruptamente. Imaginava ele que com cada gole estaria se vingando, com a mesma moeda, tudo o que o pai lhe fizera, levando-o a sofrer na alma. A vingança fazia-o sentir-se o todo-poderoso e, mais uma vez, vinha-lhe a imagem do pai se rendendo, como que dizendo-lhe: "Você venceu". Com essa ação, o pai iria à lona, nocauteado, portanto a desforra estava alcançada: o pai iria sentir um grande sofrimento na alma tal qual o filho, e em maior grau!

Terminando aquele encontro de escuta, perguntei-lhe se eu poderia agendar um encontro com o pai, a fim de contar-lhe seu drama interior. Expliquei-lhe que somente com minha conversa o pai iria se conscientizar do erro do passado e, talvez, pedir-lhe perdão, passando a relacionar-se diferentemente com ele. O rapaz concordou.

Assim, em uma tarde, em nosso convento, acolhi o pai desse jovem. Informei-lhe as razões por que o havia convidado para tal conversa. Coloquei-o a par do que estava acontecendo com seu filho. Discorri a respeito do ódio e do sofrimento que o filho trazia, a ponto de não somente querer destruir-lhe, como também a própria vida. Tendo escutado silenciosamente os fatos ali colocados, pedi-lhe que contasse a história de sua vida em relação ao filho.

Daí contou que o rapaz fora fruto de uma relação com uma jovem, no tempo em que fazia os estudos universitários. Não chegaram a coabitar o mesmo teto. A criança foi criada com os avós paternos. Isso o fez distanciar-se da relação paterna com o filho. Tempos depois, casou-se com outra mulher e levou-o para morar consigo, onde lhe deu tudo do bom e melhor, mas o adolescente não se sentia bem; com suas atitudes fazia-o sofrer muito, pois vendia objetos da família para comprar drogas. Resultado: o pai o expulsou de casa. Ele voltou a residir com a avó.

Perguntei-lhe se, nos últimos meses em que o rapaz estivera em sua casa, não teria desaparecido nenhum bem? – Daí ele relatou a respeito do desaparecimento da garrafa de uísque. O produto tinha-lhe um valor sentimental, pois a bebida estava conservada há vinte anos, presente de um tio que, tendo adoecido, antes de falecer, oferecera-lhe como presente. Mas, quando sentiu a falta da bebida, um mês depois, pensou em falar com o filho, porém deixou para lá.

Indagado se sentia algum rancor, raiva ou ódio do filho, confessou que não, pois não se apegava a bens materiais, tinha facilidade de se desprender das coisas que não lhe proporcionam nenhuma vantagem; se uma coisa lhe dá muito trabalho, desiste e se distancia; esquece-se facilmente; vive para o trabalho. Talvez essa atitude o tenha feito abandonar o filho, isto é, ao afirmar que se uma situação lhe ocasiona muito trabalho desiste e se distancia.

Encerrada a fala, informei-lhe que o rapaz guardava em sua memória um fato que, até então, o perturbara. E o pai ficou surpreso quando lhe revelei a razão da revolta do filho. Nunca imaginara, aliás, não se lembrara de que um dia havia falado esta frase à namorada, próxima à criança: "Eu quero construir uma família com você".

Informei-lhe a respeito da leitura do livro de São Cipriano, o culto à religião satânica e, por fim, seu último ato: ingerir todo o uísque. Surpreendeu-se quando lhe informei as razões pelas quais o filho ingerira a bebida: como ato de desforra por tudo que o pai lhe fizera no passado. E aquele seu ato levaria o progenitor a sofrer o mesmo grau de sofrimento que lhe causara em tempos passados.

O pai recebeu a informação sem muitas reações, mas pensativo, e manifestou compreender a situação do filho. Antes de nos despedirmos, perguntei-lhe se aceitaria um encontro para um diálogo a três: o pai, o filho e eu? – Ele concordou. Fiquei de agendar tal encontro.

Entretanto a Covid-19 atrapalhou o agendamento de uma conversa vis-a-vis entre ambos, o que poderia libertá-los dos conflitos existenciais e familiares. Ademais, o jovem poderia desintoxicar-se do veneno do ressentimento e do ódio contra seu progenitor, e este, por sua vez, compreenderia o sofrimento da alma do filho, por causa de sua inexperiência na relação paterna. Portanto seria um instante de catarse e redenção entre pai e filho.

Passados os quatro meses de isolamento social, liguei para a avó do rapaz, afirmando-lhe que gostaria de agendar uma conversa com ele, a fim de saber como estava se superando, após ter deixado a Comunidade Terapêutica. Ela se animou com minha ligação e de imediato confirmou que levaria o neto para conversar comigo.

Em uma manhã, apareceram no convento a avó e o neto. Deixando-a na portaria, conversei com o rapaz na sala de aconselhamento. Fiquei entusiasmado quando o vi, pois estava visivelmente diferente, em relação à última vez que havíamos nos encontrado. Agora, sorridentemente, revelava-se forte, com um semblante alegre. Perguntei-lhe como se sentia. Respondeu que estava muito bem, sobretudo, o relacionamento com a avó. Além de rezar o Terço com ela, rezava também o Rosário todos os dias, manhã, tarde e noite.

Comentou que já escutava mais a si e buscava alcançar o equilíbrio. Como terapia ocupacional, regava as plantas e cultivava o plantio de pimenta malagueta; havia se matriculado em um curso de francês; comprara um violino para aprender executar um instrumento; enfim, já estava procurando um emprego em um supermercado, no qual já fizera uma entrevista.

Manifestei-lhe meu contentamento em revê-lo com aqueles pensamentos e mais ainda em saber que havia um objetivo na vida: trabalhar e voltar aos estudos. Essa sua postura achei fantástica, sobretudo quando falou que agora construíra uma meta existencial: retomar a vida em suas mãos.

Revelou-se sincero ao comentar que o que o salvou, durante a estada na Comunidade Terapêutica, foi o choro por meio do qual externava a dor, a mágoa, a tristeza, a revolta e o ódio. Essa sua atitude achei brilhante: um processo de profunda mudança na conduta, um processo de catarse ou, em termos religiosos, de metanoia.

Perguntei-lhe como estava a questão da mentira. Contou que estava trabalhando esse "defeito de caráter", pois não queria mais escorregar, embora ainda sentisse propenso às quedas. Narrou que mentira a si mesmo quando, certa vez, entrou em um supermercado e comprou duas latas de cerveja. Porém, após tomar a primeira, jogou a outra fora. Parabenizei-o por tal atitude.

Avaliou que havia deixado a Comunidade Terapêutica antes de terminar o prazo exigido, mas garantira que os meses que conviveu ali dariam para recuperar o tempo perdido e cultivar a saúde emocional e mental; argumentou também que o processo de perdão para consigo mesmo estava amadurecendo diariamente e já se preparava para se reconciliar com o pai, pois não guardava mais ódio dele e gostaria de estreitar a amizade; desejava obter as coisas por meio de seus próprios méritos; enfim, em relação à invocação às forças malignas, havia abandonado tais pretensões, pois essas forças não teriam mais poder sobre ele; não dedicava mais sua atenção a isso, concentrando-se na oração, fonte de novas forças para superar o ressentimento e viver feliz.

Cuidar da higiene mental

Há um texto do evangelista Mateus que retrata uma atitude de quem vive a faculdade do esquecimento. Certa vez, Jesus instruiu seus discípulos dizendo: "Se você for até o altar para levar sua oferta, e aí se lembrar de que seu irmão tem alguma coisa contra você, deixe a oferta aí diante do altar, e vá primeiro fazer as pazes com seu irmão; depois, volte para apresentar a oferta" (Mt 5,23-26).

Aqui se encontra a chave da faculdade de esquecimento. Jesus mostra o quanto viver sem ódio, rancor, raiva e vingança contra o outro é o melhor remédio para a saúde mental e espiritual. Pedir perdão é um gesto de grandeza, não de humilhação. Humildade, sim, pois revela um coração esvaziado de ressentimento, sem guardar rancor. Quão saudável não é você ir dormir tranquilo, consciente de que não há nenhuma dívida contra o irmão e vice-versa! O perdão é um antídoto: um meio de cura interior e redenção das relações humanas.

Algumas pessoas, quando guardam por muito tempo rancor, raiva e ódio, atraem para si muitas formas de doenças: queda de cabelo, manchas no corpo, tremedeira e nódulos em algumas regiões do corpo, úlcera, gastrite, insônia, pesadelos; outras resultam em esquizofrenia.

O jovem acima construiu um conjunto de estratagemas como sucedâneos de autodefesa e escudos para se proteger, porém não foram eficazes porque estavam enraizadas em atitudes negativas, destruidoras e malignas. Sua mente estava completamente tomada por dados inúteis, que precisariam ser desfragmentados. Uma mente poluída de ressentimentos levava-o a sua própria autodestruição.

Encontrei, por meio da fala do rapaz, as seguintes atitudes e comportamentos que se tornaram seu próprio veneno, que pensava utilizar para destruir seu algoz, mas estavam destruindo a si mesmo, quais sejam: a mentira, a desforra, o jogo, o drama, a mutilação do corpo, a ausência de propósito, de sentido e de desejo, o cultivo do nada, a estrutura negativa de pensar, de sentir e de agir.

Pessoas que constroem a ideação suicida apresentam atitudes, condutas e ações como as descritas acima; tornam-se mentirosas, cujos discursos são construídos a partir de conteúdos frágeis; buscam se vingar por meio de palavras e atos cruéis pensando levar o outro a sofrer um pouco mais do que elas; jogam com os sentimentos das pessoas que lhe são próximas, a fim de que voltem suas atenções somente para elas; mutilam seus punhos como forma de prazer; enfim, nelas sobressaem três elementos fundamentais na reestrutura de sua forma de pensar, sentir e agir: a falta de propósito (uma meta para a vida), a falta de afirmação da vida (saber valorar a vida) e falta de desejo (o tédio de viver). Essas três coisas haviam desaparecido da existência do jovem.

Cultivar o nada é a meta de muitas pessoas ressentidas.

O autor do livro do Eclesiástico chama-se Jesus Ben Sirac. Como um sábio, procura instruir a comunidade para que permaneça firme na tradição dos antepassados. Ele exorta os indivíduos para a construção de boas relações humanas e sociais; insiste que perseverem na observância da Lei do Senhor. Somente ela dá condição para perdoar o próximo. Há outra forma de se aproximar do Senhor e receber dele a cura: a oração. Porém esta somente tem eficácia quando colocada em prática, na relação com o próximo.

O sábio lembra que o rancor e a raiva são sentimentos detestáveis. O perdão torna-se uma fonte de cura. Para fugir da condenação e da morte, isto é, do próprio fim de sua vida, o ressentido deveria deixar de odiar e perseverar nos mandamentos, pois pensar na aliança do Altíssimo faz esquecer a falta alheia. Isso implica em dar primazia a um pensamento sadio. Os mandamentos, observados em sua forma e seu conteúdo, resultam sempre na promoção da vida e de bem-estar mental e emocional.

O texto de Eclesiástico (cf. abaixo) faz-nos lembrar a Oração do Pai-Nosso, em que Jesus Cristo chama-nos a atenção sobre o quanto Deus é tão "bondoso, misericordioso e carinhoso" (Sl 102,8), porque perdoa nossas ofensas. Devido a esse sentimento de compaixão de Deus, nós, de igual forma, devemos perdoar de coração aos que nos ofenderam (Mt 16,12). Mais ainda: "Porque, se perdoardes aos homens suas ofensas, vosso Pai celeste também vos perdoará. Mas, se não perdoardes aos homens, tampouco vosso Pai vos perdoará" (Mt 16,14-15).

Texto Reflexivo

Rancor e raiva, sentimentos detestáveis

"O rancor e a raiva são coisas detestáveis; até o pecador procura dominá-las. Quem se vingar encontrará vingança do Senhor, que pedirá severas contas de seus pecados. Perdoa a injustiça cometida por teu próximo; assim, quando orares, teus pecados serão perdoados. Se alguém guarda raiva contra o outro, como poderá pedir a Deus a cura? Se não tem compaixão de seu semelhante, como poderá pedir perdão de seus pecados? Se ele, que é um mortal, guarda rancor, quem é que vai alcançar perdão para seus pecados? Lembra-te de teu fim e deixa de odiar; pensa na destruição e na morte, e persevera nos mandamentos. Pensa nos mandamentos, e não guardes rancor a teu próximo. Pensa na aliança do Altíssimo, e não leves em conta a falta alheia!" (Eclo 27,33-28,9).

Terapia existencial

1. Qual é meu drama existencial? – Identifique-o.
2. Qual foi a origem do meu drama existencial? – Tente encontrar a raiz.
3. Quem ou o que me fez sentir esse drama? – Traga à memória os pais, as pessoas, os lugares, os eventos, as falas, os insultos, as difamações.
4. Como posso reagir ao drama existencial? – Escolha os melhores meios (terapêuticos) para confrontar o drama com sua realidade atual.

5. Que recursos teóricos vou utilizar para meditar e superar meu drama existencial? – Escolha o que de melhor pode levar seu espírito à leveza da alma, apesar das marcas do drama (Leia o texto abaixo e procure sentir a doçura e se aproximar de Deus).

6. Como descobrir as marcas do passado não para sofrer, mas para superá-las?

Leitura Orante da Palavra: Mt 6,12.14s.

Escutar: O que a Palavra diz em si?
Meditar: O que a Palavra diz para mim, hoje?
Orar: O que a Palavra me faz dizer?
Contemplar: A Palavra me leva ao coração de Deus!
Agir transformador: A Palavra leva-me aos outros.

3

Desânimo existencial: um alerta para a depressão

Percebo que, no século XXI, há uma tendência maior de indivíduos, particularmente entre os jovens, manifestando o desejo de negar a vida. Alguns deles têm se declarados desanimados existencialmente. Estariam cansados de viver em um mundo embrutecido pelo progresso da técnica e da burocracia? Não teriam a industrialização e urbanização das sociedades modernas esvaziado o sagrado na vida dos seres humanos? Se navegamos em um "oceano de incertezas entre arquipélagos de certezas", como afirmou o sociólogo e antropólogo francês Edgar Morin, em uma conferência na PUC/SP (2010), como os indivíduos poderiam voltar ao Transcendental, ao totalmente *Outro*?

Esse oceano de incertezas e arquipélagos de certezas tem levado muitos indivíduos ao desespero existencial. O medo diante dos desafios impendem-nos de alcançar voos em direção aos arquipélagos. Não há mais aquela bússola que os orientava por onde deveriam navegar e alcançar o porto seguro. Estão à deriva, no alto mar existencial. Devem tomar o leme em suas mãos e remar em direção aos arquipélagos de segurança.

Mas como se perderam todos os referenciais tradicionais?

Vivemos em uma sociedade dos desorientados e desanimados.

O que é alguém desanimado?

A palavra "*des-animado*". O vocábulo *desanimar* é o oposto, o antônimo, de "*animare*", que significa dar alma, vida, movimento, coragem, entusiasmo, vivacidade. A partícula *des* significa a ausência de alguma coisa. Neste caso, *desanimar* é a ausência de *alma*, daquele élan vital. A chama se apagou. O termo *animus* (Latim) significa *alma, coração, vontade*. Algumas pessoas são também tomadas pelo *tédio*. A palavra deriva do Latim *taedium*, "enfado, desinteresse". Elas não têm interesse pela vida. Nelas, falta o objeto de desejo, em Latim *desideratum*, o que se deseja.

Com efeito, quando somos tomados pelo mal-estar na alma, desanimados, corremos o risco de negar a vida, sobretudo, quando não aceitamos o processo de viver no mundo. Podemos até pensar positivo sobre a vida, inclusive aceitá-la como dom do Criador, mas se não assumirmos o processo como elemento essencial pelo qual se alcança a alegria de viver, cairemos no *taedium*, no enfado e desinteresse pela vida. A problemática encontra-se na construção do processo para se viver bem na "na casa", esta entendida não somente como o mundo em que habitamos, mas também o corpo como morada da graça de Deus, que nos afeta para as possibilidades que se abrem para nossa realização humana, social, profissional, religiosa.

Drama existencial

O drama existencial aqui refletido é resultado de uma conversa com um estudante de certo curso superior, ao tempo em que fui professor universitário. Um jovem branco, baixo, sorriso meigo, que, após a aula, veio a mim, perguntando se eu teria um tempo para escutá-lo. Afirmei-lhe que sim, e marcamos o dia e a hora para a conversa.

Naquela tarde, recebi-o em nosso convento, bairro Piçarra, em Teresina-PI. Como a sala de atendimento estava ocupada, levei-o para a capela, onde iniciei a conversa perguntando sobre os estudos. Comentou que estavam indo muito bem e que gostava do curso. Depois, deixei-o à vontade para contar o que estava sentindo.

O primeiro conteúdo de sua conversa foi: "Professor, eu estou me sentindo desanimado. Às vezes, estou nos lugares e me bate um desânimo".

Perguntei-lhe o porquê. No momento não soube identificar direito as razões pelas quais se sentia desanimado.

Pedi que descrevesse um pouco sobre sua vida. Mediante sua narrativa, percebi que tinha bens materiais, trabalhava com o pai, estudava, divertia-se, havia deixado a namorada, mas, repentinamente, foi tomado pelo desânimo.

– Professor – de repente, olhando para mim, perguntou: o senhor nunca se sentiu desanimado?

– Sorri e respondi: não, nunca me senti desanimado. Triste sim, mas nunca desanimado.

– Mas por quê? – indagou-me.

– Porque tenho obrigações a fazer. Sinto-me no dever de fazê-las. E tenho consciência de que devo fazer bem e ser feliz com o que faço. Por exemplo, nunca me senti desanimado em ir à universidade ou presidir uma missa, pois tenho consciência de que são obrigações que devo fazer, e fazer bem feitas para ganhar bons resultados que sejam úteis para mim, a sociedade, a academia e a igreja.

– O senhor tem razão – continuou o jovem –, seu tempo era de obrigação. O que tinha de fazer deveria fazer sem colocar obstáculos e, caso houvessem, deveria superá-los. Isso eu acho interessante.

– Sim – retruquei-lhe –, eram muitos obstáculos que nos impunham. Essa realidade era vivida por toda a minha geração. Nossa realização estava justamente em superarmos tais dificuldades e limitações. Sentíamo-nos afetados por alguma força que nos fazia (e ainda nos faz) apostar na superação.

– Não sei como o senhor vê os jovens de nossa época – indiretamente, colocou essa questão de fundo.

– Vocês vivem em um tempo em que não são educados para a obrigação do dever-fazer senão do relativismo: "Faça se quiser, no dia e na hora que quiser". Os pais modernos fazem tudo pelos filhos, abstraindo-os de responsabilidades. Outras vezes, exageram, deixam-nos decidir por si mesmos, em ocasiões em que necessitam do auxílio dos pais.

Explorando um pouco mais o jovem estudante, perguntei-lhe sobre sua família.

– Professor – afirmou-me, um pouco tristonho –, meus pais são separados.

– Tinhas quantos anos quando se separaram? – Indaguei-o.

– Oito anos.

– Como era sua relação com seu pai?

– Ah! Era e ainda é muito boa. Se ele estivesse aqui, meu ombro estava sobre seu pescoço. Eu era muito apegado a ele, mais do que a minha mãe.

– Você sofreu quando se separaram?

– Sim, muito.

Mediante essa colocação, fiz-lhe uma breve explicação, informando-lhe que o sofrimento da separação dos pais seria uma das causas de seu desânimo nesse momento. Expliquei-lhe que uma pesquisa nos EUA apontou que separações de pais afetavam diretamente os filhos, mesmo aqueles adultos e casados. Sofriam um choque tão grande que afetava suas relações familiares. Todo filho deseja ver a união dos pais. A grande alegria dos filhos é perceber a harmonia conjugal entre os progenitores. Sentem-se contentes e realizados. Quando há separação estabelecem-se insegurança, decepção e revolta neles, pois passam a culpar uma das partes por sua situação existencial.

– É mesmo, professor – interrompeu-me sorrindo o jovem –, sinto isso em minha vida. Antes de meu pai se separar de minha mãe, eu via as coisas bem determinadas, claras, as obrigações estabelecidas, as quais eu deveria fazer, sem colocar obstáculos; depois da separação, ficamos com nossa mãe, e ela estava sempre insegura para decidir as coisas que deveríamos fazer, e fui vivenciando isso; hoje, eu tenho dificuldade de me decidir; começo uma coisa e fico em dúvida se é isso mesmo ou tenho de seguir outra coisa. Isso vem da parte da minha mãe.

– Pronto –, disse-lhe eu –, esse é um dos motivos de seu desânimo, porque tem dificuldade de assumir suas decisões como obrigações que deve fazer com determinação e prazer. Você tem de focalizar os objetivos e as metas para alcançar os resultados de forma positiva. Isso é somente a pontinha do *iceberg*. Mas já tem conhecimento de uma das razões de seu desânimo. Penso que esse deve ser o ponto central que pode trabalhar e melhorar suas tomadas de decisões.

O jovem estava bem mais tranquilo, isso percebi por seu semblante. Agradeceu a oportunidade que tivera. Pedi para nos encontrarmos outras vezes, a fim de que ele pudesse expor como ficara após essa nossa primeira conversa.

Cuidar da higiene mental

As pessoas desanimadas devem ter bastante cuidado. Precisam desfragmentar dados inúteis de sua mente. Os pensamentos negativos as levam a pensar em seu próprio fim. Tudo começa lentamente, porém, com o tempo, cresce com tais proporções que não terão condições de superar sozinhas os obstáculos. Pode acontecer que, simplesmente por causa de mínimas ideias, fatos, desejos frustrados, separações de pais, conflitos com professores ou colegas de sala de aula, inicie um estado de desânimo. Fixando essas coisas negativas na mente, para algumas pessoas, elas podem tornar-se uma batalha sem-fim.

Os pais modernos não têm segurança em relação a como educar os filhos para assumirem suas próprias obrigações. Chegam a delegá-las a outrem, tais como: babás, empregadas domésticas, professores, pastores, sacerdotes, instrutores, psicólogos, psiquiatras. Pobres crianças crescem divididas e traumatizadas. Aqui há o grande erro. Essa educação tornará muito cara durante o processo de amadurecimento da criança. Pois o processo para viver não é fácil; é bastante doloroso e deve ser acompanhado de indicações de obrigações, responsabilidades e fidelidades pelos pais.

Se a geração de jovens de hoje está desanimada é porque ela é uma geração de pais desanimados, inseguros, indecisos, imaturos e medrosos. Diferentemente de nossos pais que tinham determinação, foco nos objetivos para os filhos e obrigações claras para lhes imprimir segurança, decisão, maturidade, responsabilidade, coragem, fidelidade e determinação no alcance dos objetivos. Tudo isso nos levava à superação do medo, da incerteza e da insegurança no processo de viver.

Encontramos muitos adultos-crianças indecisas, medrosas diante de obstáculos e problemas. Alguns jovens vivem apavorados frente aos problemas existenciais, amorosos, afetivos, religiosos e profissionais. Um pequeno exemplo um tanto ingênuo. Tenho ouvido de pais atuais dizerem: "Frei, quando meu filho crescer, ele decide em que religião quer ser batizado e seguir". Aqui eles já erram na oferta de conteúdo moral ao filho, pois ele nunca irá se decidir por si mesmo. Será uma pessoa insegura e quando for para decidir necessitará da intervenção de um profissional porque os pais não lhe deram segurança. Outras vezes, por exemplo, algumas mães, quando levam as filhas às lojas, entregam-nas a responsabilidade para escolher esta ou aquela peça, e, quando lhe solicita ajuda para escolher corretamente, a mãe transmite-lhe também insegurança, deixando-a angustiada e decepcionada, porque, quando precisava dela, não obteve ajuda. A partir daí a filha passa a buscar fora do âmbito da família orientações para suas indagações e decisões. O pior pode acontecer quando procura ajuda de pessoas que se aproveitam de sua inocência.

Texto Reflexivo

A alegria espiritual e seu louvor. O mal da tristeza

"São Francisco garantia que o remédio mais seguro contra as mil armadilhas e astúcias do inimigo era a alegria espiritual. Costumava dizer: 'A maior alegria do diabo é quando pode roubar ao servo de Deus o gozo do espírito. Carrega um pó para jogar nos menores meandros da consciência, para emporcalhar a candura da mente e a pureza de vida. Mas quando os corações estão cheios de alegria espiritual, a serpente derrama à toa seu veneno mortal. Os demônios não conseguem fazer mal ao servidor de Cristo quando o veem transbordante de santa alegria. Quem tem o ânimo choroso, desolado e triste é facilmente absorvido pela tristeza ou então é levado a alegrias vãs.

Por isso o santo tratava de viver sempre no júbilo do coração, conservando a unção do espírito e o óleo da alegria. Evitava com muito cuidado a horrível doença da tristeza, a tal ponto que, era só sentir fraquejar um pouco, ele já corria a rezar. Dizia: 'Quando o servo de Deus se sente perturbado por alguma coisa, como acontece, deve levantar-se quanto antes para rezar, e ficar firme diante do Pai supremo até que lhe devolva sua alegria salutar. Porque, se a tristeza demorar muito, fará desenvolver-se o mal babilônico que, se não for levado pelas lágrimas, produzirá no coração uma ferrugem que vai ficar'" (Celano 88, 125).

Terapia existencial

1. Você já se sentiu desanimado em alguma ocasião? – Nomeie as circunstâncias.

2. Alguém te levou ao desânimo? – Quem? – Quando? – Por quê? Por meio de que fato, ideia, fala, ação?

3. Você sente-se bem e realizado com o que faz? Com o curso que escolheu? Com o homem (ou mulher) com quem namorou e se casou?

4. Como posso reagir ao desânimo existencial? – Escolha os melhores meios (terapêuticos) para confrontar o desânimo com sua realidade atual.

5. Quais recursos teóricos vou utilizar para meditar e superar meu desânimo existencial? – Escolha o que de melhor pode levar seu espírito à leveza da alma, apesar das marcas do desânimo (Leitura Orante da Palavra de Deus, leitura de um livro, participação em um grupo de oração, descobrir algum potencial para escrever, pintar, dançar, pescar, cantar).

6. Como segurar na mão de Jesus em momentos de desânimo existencial?

Leitura Orante da Palavra: Mt 14,25-33.

Escutar: O que a Palavra diz em si?
Meditar: O que a Palavra diz para mim, hoje?
Orar: O que a Palavra me faz dizer?
Contemplar: A Palavra me leva ao coração de Deus!
Agir transformador: A Palavra leva-me aos outros.

4

Ausência do desejo de afirmação da vida: um alerta para o suicídio

O livro do Eclesiastes, conhecido também como *Coélet*, retrata o drama existencial da comunidade judaica, na Palestina, em situação de dependência social e política ao império grego dos Ptolomeus, no século III a.C. O autor, um sábio aconselhador, diante da exploração do povo, lamenta-se afirmando que não vale a pena viver. Esse caminho de sofrimento, que está vivendo no presente, não o leva à felicidade e desabafa: "Tudo é fugaz, uma corrida atrás do vento" (Ecl 1,14).

Quem lê o livro corre o risco de ser vacinado pelo pessimismo do autor. Isso mesmo, porque há um exacerbado niilismo existencial, uma negação da vida presente. Tudo que se faz na face da terra não o satisfaz. Há nele uma monotonia exacerbada, um tédio incontido. A palavra-chave é fugacidade. Para ele, não convém o homem trabalhar, construir, adquirir sabedoria, bens, animais, escravos etc., se tudo é passageiro como o vento.

Imaginemos o quanto o vento é passageiro! Não há durabilidade. Segundo *Coélet*, assim é também a vida. A pessoa se esforça tanto, luta diariamente e acumula somente fadiga. E o pior: às vezes, chega o ladrão e rouba tudo que ela acumulou! Sem dúvida, em tal situação pode até se criar um ódio contra a vida. Ou não? – Veremos o que diz esse sábio.

De que proveito, pergunta ele, "resta para o homem de todo o trabalho e esforço mental com que se afadigou debaixo do sol?" (Ecl 2,22). Além disso, é inútil adquirir muitos bens e "deixar para outro que com nada se afadigou. Também isso é coisa fugaz e grande mal" (Ecl 2,21). Podemos imaginar o quanto muitas famílias acumulam grandes fortunas e, quando um dos pares morre, os filhos, com que nada se afadigaram, ganham tudo como herança. Em alguns casos, acontecem violências e mortes.

O sábio enumera uma lista de momentos opostos na vida do ser humano, isto é, "um tempo para cada coisa e um julgamento para cada ação" (Ecl 3,17). Ele iguala o homem ao animal, pois ambos vivem, comem, bebem, se afadigam e morrem da mesma forma. Ambos voltam ao pó. Ele acredita que tudo que acontece na vida humana "depende do tempo e do acaso", pois, semelhantemente aos "peixes que são pegos na rede", o homem "é surpreendido pela desgraça que cai sobre ele de improviso" (Ecl 9,11-12).

Com efeito, estamos sujeitos a tantos acasos e imprevisibilidades que não podemos saber onde e quando. Somos em muitas ocasiões pegos de surpresa diante de fatos que nos deixam pasmados, perplexos, sem explicações. Os improvisos existenciais podem trazer benefícios como também malefícios. Nesses casos, dependem do tempo e do acaso. Disse Jesus que "se o dono da casa soubesse a que horas viria o ladrão, certamente ficaria vigiando, e não deixaria que sua casa fosse arrombada" (Mt 24,43).

Coélet exagera demais em relação a sua percepção da vida, pois, segundo ele, se o homem vive afadigado com as coisas materiais não vale a pena viver; assume uma postura que deixa o leitor intrigado, quando afirma: "Fiquei com ódio da vida" (Ecl 2,17). Eis o cúmulo de seu desespero. Aqui se encontra o desabafo mais genuíno do humano. Então seria normal ao ser humano sentir ódio da vida, em ocasiões de fadiga da própria situação em que circunstancialmente se encontrar.

Em minha missão sacerdotal, já encontrei muitos cristãos com ódio da vida; muitos desejosos de darem cabo da própria existência, pois se sentem decepcionados diante de muitas coisas: traições, inveja, ciúme, difamação, perseguição, maus-tratos, violência físicas e verbais; outros foram trapaceados em seus negócios por outrem; alguns tiveram seus bens roubados, danificados; ainda outros, moral e espiritualmente, sentiram sua dignidade roubada, estraçalhada, vilipendiada, injustiçada. Tudo isso faz com que muitos tenham ódio da vida e procurem deixar de existir no mundo. Com efeito, tudo isso causa fadiga no modo de viver no mundo. Portanto não estão tão distantes da postura do sábio *Coélet*.

Mas há algo de bom no livro do Eclesiastes. No final, o sábio assegura que somente em Deus devemos colocar nossa confiança, pois Ele "colocou também o senso de eternidade no coração do homem" (Ecl 3,11). Aqui se encontra o mistério que devemos descobrir para permanecermos com os pés firmes no chão, diante de tantas contrariedades adversas à vida, diante das fadigas e fugacidades. Com o senso de eternidade, a pessoa supera o ódio à vida.

O desejo de eternidade é algo essencial ao ser humano, pois faz com que encontre em Deus a fonte de vida, e não nos bens materiais. Significa que o homem não foi criado somente para a corporeidade, mas também para a espiritualidade. Viver somente do e para o trabalho desgasta o sentido de viver no mundo. O ser humano aspira para além de bens materiais. Ele não é unicamente animal, corpo. Até o próprio Deus fez tudo em seis dias e descansou no Sétimo Dia. A sede de eternidade é algo inerente ao ser criado por Deus. Afirma o salmista: "A minha alma tem sede de Deus, pelo Deus vivo anseia com ardor" (Sl 42,3). Dizia Santo Agostinho: "Inquieto está nosso coração, enquanto não repousa em ti" (I, 1,1).

Ter sede de Deus é algo de todo ser humano, pois ele transcende ao aqui e agora, ao presente. Há algo nele que deseja *Algo* que o deixa espiritualmente embriagado do totalmente *Outro*. Tomar a riqueza, o poder, o sexo, o privilégio como fontes de segurança é construir a vida sobre elementos superficiais e fugazes; é construir a casa sobre areia, como observou Jesus Cristo: "Quem ouve essas minhas palavras e não as põe em prática, é como o homem sem juízo, que construiu sua casa sobre a areia. Caiu a chuva, vieram as enxurradas, os ventos sopraram com força contra a casa, e a casa caiu, e sua ruína foi completa" (Mt 7,26).

O Eclesiastes encerra sua sabedoria aconselhando-nos: "Tema a Deus e observe seus mandamentos, porque esse é o dever de todo homem" (Ecl 12,13). Portanto aqui se encontra o desejo de eternidade do homem: encontrar o caminho da felicidade. Onde o encontramos? – Observando os mandamentos de Deus. O que eles nos proporcionam? – A felicidade. Para muitos, eles são um peso e inibidor da liberdade. Mas não. Eles são balizas que nos dão referenciais para vivermos bem e sermos bem-sucedidos. O temor é um ato de humildade, é reconhecer que Deus é a fonte, onde encontramos a felicidade, e não apenas em bens materiais.

Drama existencial

A ideação suicida é uma construção. Ela se costura, como nós de uma rede, a partir de vários fatores. As proporções aumentam à medida que a pessoa se vê em um emaranhado de obstáculos interiores sem saída, pois, para ela, os limites impõem-lhe o maior desafio: superar a si mesmo, desfragmentando de sua mente todos os dados inúteis que foram se acumulando ao longo dos anos. Daí ela passa a vivenciar momentos fortes de tristeza interior. Ela constrói em torno de si um mundo de obstáculos, cujo fim é se afadigar e odiar a vida.

O dessabor e a amargura se instalam no interior da pessoa. Tudo isso chega a certa magnitude que ela não tem mais forças para se superar. Quando alguém afirma que não há mais propósitos, ou seja, metas a serem alcançadas, implica que alguma coisa não está bem em sua vida. Em decorrência disso, constrói-se a ideia de fadiga; instalou-se em seu interior o cansaço de lutar e, por essa razão, acha que não há mais sentido de existir; enfim, desaparece o desejo de afirmar a vida, dominando-lhe o desejo de negá-la. Estes são elementos muito presentes na determinação de um suicida; são os passos para o fim.

Um jovem contou-me, com todo detalhe, os passos de sua ideação suicida. O fato começou a ser construído desde o dia em que o pai falou para sua recém-namorada: "Quero construir uma família com você, não sei o que significa ter uma família". O pequeno tinha apenas quatro anos. "Isso foi dolorido; dilacerou seu coração", narrou ele. Cresceu com o sentimento negativo de rejeição pelo próprio progenitor. Para esquecer o sofrimento da alma, passou a consumir drogas, de todos os tipos, até o crack. Procurava superar a dependência química, mas, pelo contrário, mergulhava cada vez mais no mar da destruição existencial. Não havia mais forças interiores para se libertar do ressentimento, um monstro que foi se formando em seu interior e tomando conta de todos os seus sentimentos (cf. a narrativa do capítulo 2).

A bolha do ressentimento estourou. Sua mente ficou dividida entre um sim e um não à vida. O peso recaia sobre a negação. Segundo o jovem, não havia motivo algum para continuar existindo. Acordava já pensando como adquirir a droga, para esquecer a ideação suicida ou para lhe fortalecer na decisão de dar cabo à vida. Tinha consciência de que aquilo seria um ato fatal, porém não percebia outro caminho a ser seguido senão o do fim de si mesmo. Isso lhe causava dor e sofrimento. Pôs em sua mente que a saída seria a morte, pois precisaria pôr termo ao sofrimento de si e dos outros.

Em uma outra ocasião, veio conversar comigo uma jovem de vinte e quatro anos. A princípio, relatou que estava tudo bem, porém, ultimamente, havia pensado em cometer suicídio. À medida que aprofundava a conversa, comentou sobre algumas atitudes e comportamentos de seus pais que estavam interferindo em sua psique. Com isso, já se sentia envolvida na capsula da tristeza. O sofrimento da alma era um fato. Chorava muito.

Consegui mostrar-lhe que o problema estava lá há muito tempo. Ou seja, dados inúteis haviam se instalado em sua mente desde sua infância. Após sua gestação, que não havia sido planejada, ouviu do pai: "Não quero saber mais de você como filha". Imaginemos uma moça de dezenove anos, saindo da adolescência, ouvir isso de seu progenitor que deveria ser seu melhor amigo! E, para piorar ainda mais a relação com a filha, desabafou: "Não venha em minha casa somente para nos dar problemas".

Ferem ou não a alma lá dentro, sobretudo, de uma pessoa que, na adolescência, necessita de muito apoio, atenção e cuidado de seus progenitores? Onde haverão de encontrar palavras que lhes deem acalento, segurança e metas a serem seguidas? Por que muitos pais não racionalizam o que devem dizer diante de filhos que não os desejaram?

Há outro exemplo. Outra jovem narrou que, quando a mãe estava com raiva, jogava em sua "cara" que ela havia nascido de um estupro. Tal afirmativa, a mãe reforçava diariamente. Imaginemos o que não passa na mente de uma pessoa que cresce escutando a mãe introjetando-lhe tal sentimento negativo!

Frases negativas, como essas, geram tristezas e ressentimentos nos filhos. Os pais podem contribuir para a construção da ideação suicida de seus filhos. Isso é um fato. De modo inconsciente, dizem coisas ou manifestam atitudes que podem desencadear em fatalidade. Por isso muito cuidado no que falam aos pequenos.

Como a narrativa anterior do jovem, a fixação da ideia do suicídio já estava internamente construída, precisaria apenas construir um motivo, por menor que fosse, qualquer "besteira, para se matar". Segundo ele, passou a fazer atos, ações, comportamentos, atitudes, todos negativos, para chamar a atenção dos familiares e, quando os descobrissem, ele já estaria morto. E o sofrimento deles seria maior. Contudo, a obsessão pela morte deixava-o com medo quanto à utilização do meio a ser utilizado, pois poderia não dar certo. Havia até comprado medicamento para tomar, mas voltou atrás.

Os obstáculos foram aumentando e suas forças de esperança para a superação da droga também foram se esgotando. Não queria mais enfrentar os problemas. Para ele, o suicida passa por um processo muito doloroso, pois tirar a própria vida requer bastante determinação. Disse-me ele: "Eu estava desacreditado. Não tinha mais fé. Havia uma voz que, permanentemente, me instigava a fugir de situações existenciais".

Graças a Deus, este jovem, após passar um tempo em uma comunidade terapêutica, hoje, está bem, superou, em parte o trauma, conseguiu perdoar a si mesmo e o pai. Não guarda ressentimento nem rancor. Vive com a avó mais tranquilo; os serviços domésticos já os faz com entusiasmo; já está trabalhando e tem mais um propósito: estudar; depois, o desejo de afirmar e dar sentido à vida é um fator preponderante que continua a trabalhar todos os dias.

Há um outro caso que merece ser estudado. Um senhor procurou-me desesperado porque a esposa o havia traído. Não conseguia mais se manter equilibrado emocionalmente. Porém, por causa do amor que ainda tinha por ela, fez de tudo para não se separarem: prometeu que deixaria tudo para ficar em casa, dando-lhe a atenção; promoveria uma viagem; ficaria mais tempo a seu lado etc. etc.

Com todas essas promessas, a mulher manteve-se firme em dizer que não o amava mais e gostaria de se jogar em uma nova aventura. O homem ficou louco; perdeu total equilíbrio emocional e mental. Não conseguia coordenar os pensamentos nem as ideias. Daí passou a construir pensamentos malignos:

executar o mal contra a esposa, seu amante e a si mesmo. Encontrava-se totalmente desnorteado.

Ele revelou as palavras-chave que todos os ressentidos externam: "Frei, pensei em matar o rapaz e, em seguida, me matar, para que ela sentisse a mesma dor que estou sentindo".

Olhei-o com um sentimento de compaixão. Mas era meu dever falar-lhe a verdade, fazer com que ele voltasse à racionalização. Disse-lhe: "Meu irmão, ela não quer mais você. Deve tomar consciência do fato e partir para a superação. Tem de racionalizar os fatos que foram se sucedendo entre vocês nos últimos anos. O amor entre vocês foi esfriando até que resultou nisso aí. Veja, você pensa que matando o homem e, depois, se suicidando, vai resolver o problema. O caminho não é esse. Quem disse que ela irá sofrer? – Ela não poderá procurar outro? – Deixe esses pensamentos. Encare a realidade. Procure não se levar pelo que a sociedade irá comentar. Assume a vida assim mesmo".

Assim nos despedimos. Meses depois, ele retornou agradecendo-me as palavras que impactaram seu coração. Relativizou o sofrimento e, hoje, retornou às atividades profissionais e, mesmo que, vez por outra, o ressentimento queira tomar sua mente, logo, procura esquecer e colocar outras ideias em sua mente. Isso é um meio pelo qual se pode fazer a catarse e se libertar; ganhar forças e viver a saúde emocional, mental e espiritual.

Pe. Fábio de Melo, no Programa Direção Espiritual, no dia 16 de agosto de 2017, narrou um pouco sobre sua síndrome do pânico. Segundo ele, encontrava-se em Fortaleza, quando começou a sentir um mal-estar físico, misturando-se com um medo opressivo. Continuando sua narrativa, compreendi que o pânico de Fortaleza seria apenas mais um elemento da construção de sua ideação suicida, pois dissera que, dois anos antes desse fato, sentira o mesmo problema: o "medo de morrer". Foi ao médico que diagnosticou uma "síndrome do pânico". Esse sentimento sentia "quando estava chegando aos eventos". Consequência: antes de cada show devia ingerir algum medicamento.

Na ocasião, contou também sobre "a morte da tia Socorro", cujo acontecimento teria se tornado a "gota d'água". Daí viera o drama existencial: parou de dormir às noites, o estilo de vida foi alterado devido aos contratos, sentia um fardo exigindo-o o tempo todo, o dia a dia tornava-se muito cansativo, por causa das muitas demandas.

Agora vem o sinal de alerta: começou o "desejo de parar tudo. Mas não podia parar devido aos contratos". Enfim, revelou o tamanho da complexidade de sua doença emocional e mental: "Vivi um processo danoso e destrutivo. Ao mesmo tempo que tinha medo de morrer, tinha o desejo de morrer para cessar tudo aquilo. Uma angústia, uma tristeza, um sentimento tão sombrio". Confessou que três dias se "isolou sem querer sair do quarto" e, em uma ocasião, "escondeu-se embaixo da cama". Enfim, revelou qual seria seu desejo, após superar a síndrome do pânico: "viver sem as obrigações, criar na agenda da vida um espaço para viver o que não é obrigação. Espaço do não compromisso".

Há outro depoimento de um jovem que entrevistei, em São Paulo, quando estava aplicando o teste de pesquisa empírica. Na ocasião, ele manifestou-se desanimado com a vida, falou: "Meu pensamento de morte é constante. Tenho depressão. Quero tirar o sofrimento que é intenso. Quero amenizar o sofrimento do momento. É um pensamento muito egoísta. Porém penso na minha mãe para que ela não sofra mais. Preciso arrancar a dor de mim".

As pessoas ressentidas são extremamente doentes emocional, físico e mental. Percebam. Na maioria das vezes, sofrem um AVC, enfartam, criam úlcera, caem o cabelo, alguma parte do corpo treme, sentem insônia, por isso têm de dormir à base de droga, sentem pesadelos durante o sono, são duras nos posicionamentos, falam alto, se impõem diante de assuntos que discordam. Essas pessoas sofrem muito na alma.

O ressentido aguarda o dia da desforra, para se alegrar com o sofrimento redobrado de seu inimigo. Sua expectativa é que o sofrimento de seu inimigo seja maior em grau do que o seu, a fim de que aquele se lembre do sofrimento que lhe causara. Deseja vibrar no dia em que seu inimigo seja castigado por tudo que fizera. O ressentido se frustra facilmente, pois aguarda diariamente o momento da desforra. Quando traz um fato passado que muito lhe marcou, não consegue perdoar. Como desculpa, afirma que somente Deus tem o poder de perdoar, pois, como pecador, não tem esse dom. É uma fuga. O ódio já tomou conta de seu coração. O ressentido é um dispéptico.

Cuidar da higiene mental

Analisando as narrativas de vida expostas, percebemos o quanto as pessoas acumularam informações negativas que as aterrorizam, surtam-nas e as fazem entrar em estado agonizante de pânico. São tomadas por uma funda tristeza; fadigam-se facilmente; perambulam pela vida; o dessabor existencial é o veneno que é ingerido diariamente; sofrem muito na alma.

Devem passar por um processo de desfragmentação da ideação suicida. Apesar dos esforços de alguns, no entanto, sentem dificuldades de se libertar de traumas passados e de superar os obstáculos; o desfalecimento de forças faz-nos abandonar qualquer tipo de meio para enfrentar os problemas pessoais e os obstáculos que surgem no dia a dia.

O testemunho que me deixou bastante pensativo foi o jovem que revelou o quanto a pessoa com ideação suicida passa por um processo muito doloroso; considera que tirar a vida requer bastante determinação, coragem, pois somente em uma situação extrema, em que não mais se acredita em nada, é que se pode fazer tal ato. Segundo ele, não tinha mais fé e sentia-se instigado por uma voz que, permanentemente, instigava-o para fugir de situações limites.

Partindo desse testemunho, pode-se cogitar que o suicida faz tudo bem calculado. Ele planeja dia, hora, semana e o meio a ser utilizado no processo de finalização do ato do suicídio. Somente espera o momento para disparar o gatilho, por algum fato que seja.

A questão já havia sido analisada pelo sociólogo francês Émile Durkheim, quando escreveu que o suicida tem tanto uma "representação antecipada da morte" quanto a consciência da "escolha dos meios capazes de produzi-la" (DURKHEIM, 2000, p. 15). Portanto todo suicida tem consciência do ato a ser praticado para dar cabo de sua vida.

O autor define o suicídio como "todo caso de morte que resulta direta ou indiretamente de um ato, positivo ou negativo, realizado pela própria vítima e que ela sabia que produziria esse resultado" (DURKHEIM, 2000, p. 14). Assim há suicídio quando a vítima sabe, com toda certeza, que o resultado de seu ato pode levar ao fim de seus dias (DURKHEIM, 2000, p. 15).

Partindo desse referencial teórico, pode-se afirmar que nenhuma pessoa comete suicídio da noite para o dia, pois é o resultado de muitos fatores que foram se acumulando ao longo de muitos anos. Há uma sedimentação dos fatos e acontecimentos negativos e positivos em nossa vida. Assim como nos contentamos com momentos prazerosos de felicidade, de igual forma também nos sentimos machucados e entristecidos com instantes traumáticos. Resta saber como a psique tem estrutura tal para aguentar quando saem do inconsciente e entram na consciência, exercitando-nos ao esquecimento e seguir em frente.

O certo é que a pessoa suicida cria uma representação antecipada de sua morte e escolhe os meios capazes de produzi-la. Ela tem consciência de que os meios escolhidos resultarão em sua própria morte. Não há suicida inconsciente.

Decifra-me ou te devoro...

Em outubro de dois mil e dezoito, fui a uma funerária, onde se velava a filha de uma família amiga. Fiquei interiormente comovido com aquele momento de despedida do esquife para o cemitério. O desespero da família, dos parentes e amigos era imenso. Comoveram-me as entranhas. Retornei ao convento com uma questão: mas por que mais uma pessoa cometeu suicídio? O que está acontecendo em nossa sociedade?

A tais perguntas, eu incluía também os fatores sociais, econômicos, religiosos morais e culturais. Digo isso porque aquela família era de uma religiosidade sem questionamento, de engajamento permanente na Igreja católica. Conheço essa família desde a década de noventa. Um vasto tempo de convivência. Os filhos foram educados na religião, observando a Tradição. Economicamente, tinha estabilidade, pois os filhos eram todos formados, com curso superior.

Naqueles poucos instantes em que passei na funerária, ouvira, de um dos parentes, o seguinte comentário: "Frei, ela era psicóloga; tinha seu consultório; era uma excelente profissional; neste mês de setembro, "Setembro amarelo", proferiu inúmeras palestras sobre a questão do suicídio, orientando os jovens sobre os riscos etc., etc. e agora, ela mesma, cometeu essa tragédia...".

Isso me fez repensar na questão do suicídio. Que fatores outros podemos incluir se não era financeiro, profissional, social, religioso, então, o que deve ter a levado a cometer tal ato?

A vida é como a caixa de Pandora, uma vez aberta, podemos nos surpreender com o que sai de seu interior. Como diz Nietzsche, se por um lado, dentro de nós há belos jardins, por outro, há também vulcões que não sabemos o dia de sua erupção. Somos sempre surpreendidos com os acontecimentos da vida, sobretudo, diante daqueles que jamais esperamos que aconteçam. Mas temos de lutar para decifrar seus enigmas.

Cito o mito da esfinge de Delfo, decifrada por Édipo Rei, de Sófocles. Para escapar da morte, ele teve de decifrá-lo. Édipo, ao chegar ao templo, confrontou-se com o enigma da esfinge que o colocou à prova. Ele, como tantos outros, não temeu em ousar responder ao enigma, que dizia: "Que animal pela manhã tem quatro pés, ao meio-dia tem dois, e à tarde tem três?" Os ousados que errassem a resposta seriam estrangulados pela esfinge. Édipo Rei decifra o enigma: "O animal é o homem que engatinha quando criança, anda sobre dois pés, na idade adulta, e, na velhice, usa uma bengala".

Resposta verdadeira. Édipo não foi estrangulado. Mas a própria esfinge se estrangulou, devorando-se a si mesma. Ela cometeu seu próprio suicídio. O suicídio é autopunição da vida.

A vida é um decifrar, caso contrário, nós seremos estrangulados durante o processo de decifração. O termo grego para esfinge é: *sphingo,* que significa *estrangular.* Apenas sobrevivem os ousados que enfrentam os enigmas da vida.

O filósofo Camus defende que o suicídio é a questão fundamental da filosofia, pois ela buscaria responder à pergunta: "a vida vale ou não vale apena ser vivida?"

Em sua obra, *O mito de Sísifo,* analisa que até agora ninguém morreu por causa de algum argumento ontológico, nem mesmo Galileu que abdicou de sua hipótese científica verdadeira, quando viu sua vida em perigo de ir para a fogueira. Pelo contrário, o autor percebe que algumas pessoas cometem suicídio porque a "vida não vale a pena ser vivida" (p. 18).

Segundo Camus, o suicídio se estabelece no "silêncio do coração"; "começar a pensar é começar a ser atormentado". Certa vez, eu escutei de uma jovem universitária: "Considero que esse estresse existencial seja justamente esse enfado de tantas sensações e tantos sentimentos ruins que viver pode trazer para as pessoas que não veem beleza nem sentido mais em viver. Ou no mínimo, não sabem como lidar com a vida em sua dinâmica".

No depoimento acima, percebemos que as sensações e os sentimentos ruins deixam o jovem enfadonho, entediado, angustiado e não sente beleza nem sentido de viver. Isso o faz perder a faculdade da estética, ou seja, a sensibilidade para ver no mundo de forma prazerosa e bela. Então, não é somente uma questão social, mas também filosófica. E tudo se inicia no "silêncio do coração". Com efeito, começar a pensar nos acontecimentos da vida, sobretudo os passados, é começar a ser atormentado, uns mais, outros menos. O perigo é deixar-se empanturrar das marcas do passado quando entram no consciente. Evitar a indigestão psicológica para não se sentir um dispéptico.

A modernidade leva algumas pessoas ao horror à vida. Aquilo que diz o Eclesiastes: "Tenho ódio à vida". O sábio do Eclesiastes nos mostra a saída: Deus implantou no coração do homem o desejo de eternidade. Desejar tal fim faz parte inerente do ser humano, pois ele não somente foi criado para comer, beber, trabalhar e dormir, como as outras espécies de animais, mas também para se imaginar em outras dimensões existenciais por meio da religião, da arte, da música, da dança. Isso também seria bom que florisse no silêncio do coração.

No texto a seguir, Santo Agostinho ajuda-nos a superar tudo que trazemos em nosso inconsciente. As marcas do passado, quando adentram no consciente, podem nos maltratar, deixando-nos empanturrados de imagens inúteis. Agostinho utiliza-se da memória como recurso de recordação das aventuras passadas, que corromperam sua alma, "não porque as ame", ou então para se deixar envolver na má consciência, mas para amar Deus. Somente porque o ama é que retorna ao passado. Isso nos dá uma aliviada espiritual tremenda! Ele é, realmente, um santo de Deus.

Ele tem consciência de que recordar de seus "graves erros", que corromperam sua unidade, causava-lhe amargura, porém, porque deixava-se afetar pelo desejo de amar a Deus, transformava o amargo em doçura que não o enganava, mas que o recompunha e o fazia aproximar-se da verdadeira Unidade. Em Deus não há "dilaceramentos interiores", que faz o homem sofrer quando se deixa perder "em tantas bagatelas", mas integração da alma.

O santo reconhece que, desde sua adolescência, ardia em desejos que o satisfazia "em coisas baixas". Satisfazer-se com as coisas baixas não apenas se assemelha ao "animal", movido unicamente pelos instintos, como também desgasta "a beleza da alma". Interessante é que os olhos se tornam um meio para conduzir o homem a fazer coisas que tão somente agradem a si mesmo e "ser agradável aos olhos dos homens".

Texto Reflexivo

Por qual motivo Agostinho relembra suas culpas

"Quero recordar minhas torpezas passadas, as corrupções de minha alma, não porque as ame, ao contrário, para te amar, ó meu Deus. É por amor de teu amor que retorno ao passado, percorrendo os antigos caminhos de meus graves erros. A recordação é amarga, mas espero sentir tua doçura, doçura que não engana, feliz e seguro, e quero recompor minha unidade depois dos dilaceramentos interiores que sofri quando me perdi em tantas bagatelas, ao afastar-me de tua Unidade.

Desde a adolescência, ardi em desejos de me satisfazer em coisas baixas, ousando entregar-me como animal a vários e tenebrosos amores! Desgastou-se a beleza de minha alma e apodreci a teus olhos, enquanto eu agradava a mim mesmo e procurava ser agradável aos olhos dos homens" (Confissões, Livro II, 1).

Terapia existencial

1. Você já sentiu o desejo de não mais viver? Em que situação?
2. Você já sentiu ódio da vida? Como?
3. Em que momento em sua vida surgiu a ideação de suicídio?
4. Quais são os traumas que você traz de sua infância? – Como

surgiram? Quem os provocou? Os pais, professores, amigos, colegas?

5. Agora que você tem consciência de que o suicídio é o resultado de muitos fatores que foram se acumulando ao longo de sua vida, descubra aquele que mais lhe causa sofrimento na alma e procure superá-lo. Como?

6. Como não se deixar estrangular pelos acontecimentos negativos em sua vida?

Leitura Orante da Palavra: Lc 15,11-32.

Escutar: O que a Palavra diz em si?
Meditar: O que a Palavra diz para mim, hoje?
Orar: O que a Palavra me faz dizer?
Contemplar: A Palavra me leva ao coração de Deus!
Agir transformador: A Palavra leva-me aos outros.

5

Remover as mortalhas passadas

Algumas pessoas não são felizes porque os instantes presentes da vida, que deveriam tornar-se sagrados e vividos com intensidade, são travestidos por mortalhas de fantasmas passados que lhes assombram e lhes enchem de angústia, medo, ressentimento, culpa, má consciência, enfim, do desejo de desistir de afirmar a vida. Jesus Cristo tinha razão quando disse: "Siga-me, e deixe que os mortos sepultem seus próprios mortos" (Mt 8,22).

Elas precisam se libertar das mortalhas de seus antepassados – avós, pais, tios, primos, amigos, professores. Para terem uma vida presente feliz, faz-se necessário que não se deixem perturbar pelos mortos do passado: tirar de sobre os ombros as mortalhas que lhes atrapalham no presente. Isso implica em afugentar aqueles sentimentos, aquelas imagens, práticas, sensações, que as angustiam, que as oprimem miseravelmente, impedindo-as de "não apenas serem felizes, mas também serem livres" (FERRY, 2007, p. 28).

As mortalhas quando afloram no inconsciente, deixam-nas atormentadas e tomadas de ressentimento, de culpabilidade, de má consciência; sofrem profundamente na alma porque não conseguem se superar de tais fantasmas. Deixar-se envolver pelas mortalhas do passado implica em permitir que elas se instalem na consciência e manifestem-se permanentemente. Ninguém aguentaria conviver com elas diariamente. Por isso as pessoas devem criar uma consciência forte, a fim de que não se deixem perturbar, empanturrar-se por elas, tornando-as psicologicamente dispépticas.

No Ano da Vida Consagrada, o papa Francisco escreveu uma Carta Apostólica às Pessoas Consagradas (2014), em que reafirma o sentido profético da Vida Religiosa Consagrada, como uma das características essenciais a sua natureza. Depois, chamou a atenção para três aspectos relevantes para a realização da vocação, mas que eu os acho também importantes para todas as pessoas que têm consciência de sua vocação humana. O primeiro aspecto assegura que devemos "olhar o passado com gratidão" para "manter viva a própria identidade, sem fechar os olhos para as incoerências, fruto das fraquezas humanas, e inclusive de qualquer esquecimento de alguns aspectos essenciais do carisma". O segundo aspecto afirma que devemos "viver com paixão o presente", como também "o Evangelho em plenitude e com Espírito de comunhão". E, enfim, temos de "abraçar o futuro com esperança, sem desanimar-se por tantas dificuldades que se encontram na vida consagrada a partir da crise vocacional".

Drama existencial

Em uma manhã qualquer do mês de maio de dois mil e vinte, veio um senhor implorando-me para atender seu filho que estava passando por sérios problemas psíquicos. Comentou que o jovem havia cortado seus pulsos e saíra de casa sem destino. Nos últimos dias, ameaçava cometer suicídio. O pai suplicava-me ajudar salvar o filho.

Lembrei-me de algumas passagens bíblicas em que descrevem as pessoas implorando ao Filho de Deus a cura de doenças, pecados, possessão demoníaca, surdez, mudez, hemorragia etc. Jesus sempre se colocava na disponibilidade para salvar tais vidas. Na modernidade, precisamos nos dedicar à escuta dos sofrimentos da alma de tantas crianças, adolescentes, jovens, idosos. Em meio à pandemia da Covid-19, percebemos o quanto o número de pessoas com problemas psíquicos aumentou assustadoramente.

Retornando à história daquele pai, mesmo estando no isolamento social, agendei a data, a hora e o local para atender seu filho.

Lembro-me bem daquela manhã em que o acolhi. Saudei-os conforme o protocolo da vigilância sanitária: com máscara, distanciamento e higienização. Pedi que o pai nos deixasse sós. O rapaz trazia o semblante triste, angustiante e sonolento. Não havia muita disposição interior para conversar, bocejando o tempo todo, atitude sintomática de quem não quer conversar sobre si mesmo, pensei comigo, ou seja, uma pessoa totalmente apática.

Permaneci calmo, somente estimulando-o para que revelasse alguns pensamentos. Fiz-lhe algumas perguntas: qual é seu nome completo? Quantos anos? Onde mora? Nome dos pais? Estuda em que série?

Jovem de quinze anos, branco, magro, cabelos longos; morava com a mãe; não dormia bem ultimamente; não estava indo à escola devido à pandemia.

Perguntei-lhe o que se passava consigo. Lentamente, de forma acanhada e tímida, soltou as primeiras palavras: "Estou muito mal". Contou que não tinha ânimo para ler nem fazer as coisas que antes lhe davam prazer, como: desenvolver o raciocínio por meio de jogos de lógica e desenhar, arte que sentia prazer em praticar.

Os primeiros sentimentos a surgirem em uma alma doentia são o desânimo, o tédio e a falta de desejo. Vale a pena o leitor retornar a esses três elementos, como já os descrevi em outro capítulo anterior.

Procurei ir mais a fundo em sua vida. Pedi que me contasse como fora sua infância. Daí revelou o problema existencial que mais o incomodava: conviver com a mãe. Comentou que os pais haviam se separado quando ainda tinha dois anos. Na época, ficou residindo com a mãe, enquanto o pai retornara para a casa de seus pais. Porém, já adolescente, a mãe conheceu um homem com quem passou a namorar. Tempos depois, diante do conflito com a mãe, ela o expulsou de casa, preferindo ficar morando com o namorado.

Isso o decepcionou. Nunca pensou que a mãe, um dia, tivesse a coragem de tal atitude. Daí foi residir com o pai, porém, não deu certo por causa dos conflitos com o avô e com o tio. Resultado: o pai mandou-o morar com sua madrinha, em uma outra cidade. Seria uma oportunidade para iniciar uma nova vida. No início, tudo ia bem. Porém, meses depois, já na escola, passou a manter amizade com uma estudante.

A menina, contudo, ao perceber seu estado emocional e mental confuso, afastou-se dele. A recusa da moça o fez entrar em uma depressão. As consequências disso foi que, às noites, esmurrava a parede do quarto, incomodando a família. Levaram-no ao psiquiatra que o medicou com psicotrópicos. Os conflitos foram aumentando tanto, a ponto de a família não mais aceitá-lo em sua residência.

Ao retornar para a casa da mãe, estourou um conflito entre ambos, pois ela também estava com depressão. Segundo o rapaz, a mãe dormia a manhã inteira, claro, devido à medicação. Quando a chamava, para fazer as atividades na cozinha, xingava-o de todo nome. Revoltava-se. O adolescente se isolava no quarto, tendo como companheiro a internet e o whatsapp. Não havia comunicação entre mãe e filho.

Há também conflito no relacionamento com o pai.

Comecei entender que as causas do comportamento daquele rapaz encontravam-se na origem de sua infância. E a palavra mágica seria: rejeição. Por essa razão, ele não confia mais na mãe porque o trocou por outro homem. Esse fato o jovem expressou várias vezes, afirmando que a mãe o tinha como um peso. A outra causa é a estudante com quem namorara, porém por pouco tempo, pois, devido a sua doença, deixou-o. Sem dúvida, a atitude da menina fez-lhe sentir uma segunda rejeição. Isso o fez sofrer profundamente. Implorou para que a menina ficasse sendo ao menos sua amiga. Mas nem isso aceitou, bloqueando-o até de seu whatsapp. Enfim, além de todo esse drama, ele teve de retornar para sua cidade de origem.

Repetiu algumas vezes: "Não quero ser peso para ninguém".

Por causa dessa sua atitude, vem-lhe a ideação suicida. As pessoas que têm ideação suicida sempre pensam dessa forma: "Sinto-me rejeitado por todos, por isso não quero ser peso para ninguém". Elas criam em sua mente dupla fixação: "primeira, os outros são a causa de meus problemas; e, inversamente, eu sou um problema aos outros". E, assim, mentalmente perturbados, justificam tirar a vida.

Que desespero e perturbação mental dessa criatura de Deus! –, pensei comigo!

Aqui se encontra o nó górdio da vida do rapaz. A primeira experiência deu-se com a mãe, que preferiu o homem ao filho, e a segunda com a moça que não o quis por motivo de sua saúde mental. Resultado como ele mesmo expressou: "Não confio mais em ninguém".

Vejamos. O jovem, decepcionado com a mãe e a namorada, construiu um pensamento negativo, segundo o qual não confia mais em ninguém. As duas referências que vêm a sua mente são as duas mulheres.

A moça, na mente do rapaz, tornara-se a mãe que nunca teve. Ela iria ocupar o lugar da mãe, pois ele passou a projetar nela a mãe que nunca teve, e alguém em quem pudesse depositar confiança e resolver seus problemas de infância. Porém o não dela causou-lhe uma segunda dor existencial, por isso vieram-lhe a revolta e o sofrimento na alma. Com isso, criou um bloqueio na mente, segundo o qual todas as mulheres irão rejeitá-lo.

Obcecado, pensa em retornar àquela cidade para reencontrar a estudante. Não gosta da cidade onde nasceu. Isso podemos entender: fugir das situações passadas nela vivenciadas, pois nela jazem os defuntos cujas mortalhas traz sobre seus ombros, causando-lhe assombração.

Terminada a conversa, esclareci-lhe que havia um problema central que precisaria ser resolvido em sua vida: a rejeição que sofrera quando a mãe o expulsou de casa, preferindo ficar com o namorado. Ele precisaria tornar-se consciente do fato e trabalhar o conflito de rejeição, cujas reações presentes seriam manifestações de sua revolta interior contra tudo o que ela lhe fizera. Disse também que o segundo fato negativo se deu quando a moça não o quis como namorado nem como amigo. Isso veio ampliar ainda mais e reforça psicologicamente a ideia de que não poderia confiar em ninguém. Isso ele precisaria superar para estabelecer o equilíbrio emocional. Enfim, dei-lhe algumas orientações espirituais, solicitando que retornasse em uma outra ocasião.

No segundo encontro, o jovem já estava bem melhor; havia conseguido dormir mais tranquilo. Contudo, retornou a falar sobre a amiga que não entendia seu problema. Ligou para ela, mas ela não quis saber mais dele, "sua melhor amiga" que o bloqueou, deixando-o ainda mais deprimido. Essa atitude da moça torna-se recorrente em sua memória.

Falou também que voltou a pedalar. Porém suas noites ainda são terríveis, pois tem acordado às três da manhã e se surpreendido por pensamentos relacionados à amiga.

– Quais são os pensamentos? – perguntei-lhe.

– Sobre minha amiga – respondeu.

Supõe que a menina o tenha deixado por outro menino com o qual se comunica pela internet. Porém é uma suposição, contudo não tem certeza de que tal menino exista realmente. Não aceita que a jovem seja apenas sua amiga.

– Antes dessa menina, você já gostou de outra pessoa? – indaguei-o.

– Nunca – confessou –, ela foi a primeira pessoa que conheci. Gosto muito dela.

– Como encarar essa perda?

– Não sei. Vou Tentar esquecer, mas não sei se vou conseguir.

– O que você aprendeu depois de perder a namorada?

– Aprendi não mais confiar nas pessoas.

O rapaz ainda avaliou que o ser humano é o único animal que tem o poder de mentir, por isso não confia mais nas pessoas. Acha que o pai não gosta dele de verdade. Por quê? – Porque não transmite muita confiança.

Dias depois, encontrei-me com sua mãe. Pedi que contasse um pouco sobre a vida do filho. Ela comentou que o adolescente passou a ser rebelde aos treze anos. Não o suportava mais porque somente a tratava com xingamentos. Acordava violento com ela. Não lhe obedecia em nada, isso e aquilo. Não o suportava em casa.

– A senhora sabe por que ele xinga a senhora? – perguntei-lhe.

– Não, respondeu.

– Vou revelar os motivos do xingamento do jovem contra a senhora – disse-lhe.

Daí fui bastante objetivo em dizer-lhe que fora após seu namoro com uma pessoa com quem conviveu um tempo, preferindo-o ao filho. Esclareci-lhe que o adolescente, com treze anos, frustrou-se com a rejeição da própria mãe. Isso guardou até o momento em sua vida. Por isso essa rebeldia contra a mãe. É uma forma de ele manifestar o que vem sentindo.

Esclareci também que lhe veio uma segunda decepção: a rejeição da primeira menina que conhecera. Porém a moça não quis essa relação ao tomar conhecimento de sua depressão. Tal fato deixou-o angustiado e triste.

A mãe ficou surpresa com os fatos esclarecidos. Compreendeu que o xingamento do filho era devido à raiva de sua separação com o pai. Ela também desabafou que, após a separação, criou-o sozinha, pois o pai não quis saber do menino. Foi uma grande responsabilidade. Enfim, argumento que chamava sua atenção, a fim de que compreendesse a vida.

No terceiro encontro, o jovem afirmou que estava melhorando. Já esquecera um pouco mais a menina. Teve um pesadelo na noite seguinte. Solicitei que o descrevesse. Assim contou que sonhou com alguma coisa, que não identificava, querendo enforcá-lo, apertando seu pescoço. O lugar era alto. Não via pessoas nem escutava vozes. Não pensou em nada. Mas estava cansado. Acordou quando sentiu que estava faltando o ar.

– Como dormia – perguntei-lhe.

– Estava dormindo de bruços.

– Eis a razão do pesadelo – conscientizei-o.

Mas estava com disposição interiormente; sentia-se bem melhor; fizera uma caminhada e pedalada; os pensamentos ruins estava superando-os; não trazia mais os "pensamentos de luxúria", segundo ele; com a mãe, havia melhorado o relacionamento, embora ela continuasse dormindo até tarde; a mãe passara a ter mais paciência, mas conversava somente o restrito com ela; a relação com pai estava melhorando; conversara também com seu primo; enfim, lembrou que, naquele dia, fazia aniversário, dezesseis anos, e que o pai iria levá-lo para comer pizza, e a mãe iria presenteá-lo com um bolo.

Perguntei-lhe o que pensava dali para a frente?

– Respondeu que gostaria de estudar e trabalhar para ajudar a família e se estabilizar; depois, largar a internet e se dedicar mais aos estudos. Pensara na amiga, porém, sem que isso lhe trouxesse sofrimento à alma.

Isso me deixou animado.

Contudo, dias depois, o pai trouxe-o de volta dizendo que tudo havia desmoronado. Tudo retornara ao que era antes. E o pior: comprou uma faca para se cortar, na frente da mãe, que se desesperou e saiu para dormir fora de casa. O pai levou-o ao psiquiatra que lhe prescreveu outra medicação. O jovem estava sonolento devido à nova droga. Diante de nossa conversa, mostrava-se indisposto. Pedi que o levasse para casa, a fim de que pudesse dormir.

Ali, vi duas pessoas desesperadas, sentindo-se impotentes diante daquela realidade. Aconselhei-os a não desistirem do filho, pois a superação de todos os seus traumas dependeria também do apoio, do acolhimento e do amor de ambos. O filho, naquele estado, gostaria de ser amado.

Conformei-lhes também que outras ocasiões, como aquela, iriam acontecer, ou seja, as recaídas emocionais, porém o importante seria recomeçar o processo de acompanhamento psicológico, pois para Deus tudo é possível.

Cuidar da higiene mental

São Francisco de Assis não foi uma pessoa ressentida. Nele, a faculdade do esquecimento fazia-o retornar sempre a alegria e a felicidade. Há uma "forma de saúde forte", não uma simples "força inercial [*vis inertiae*]" (*GM*, II, § 1), mas uma força que o fazia fechar "temporariamente as portas e janelas da consciência" e criar "um pouco de *tabula rasa* da consciência, dando novamente lugar ao novo, sobretudo, para reger, prever, predeterminar". Essa é a utilidade do esquecimento: "espécie de guardião da porta, de zelador da ordem psíquica" (*GM*, II, § 1). Essa faculdade impedia que o Pobre de Assis caísse na dispepsia psíquica.

Francisco, no início de sua conversão, ainda sem saber o que deveria fazer, escondeu-se em uma caverna durante um mês, "mal ousando sair para as necessidades". Um amigo alimentava-o, em segredo. Rezava continuamente, "com jejuns e lágrimas, implorava a clemência do Salvador e desconfiando da própria capacidade, punha em Deus todo o seu pensamento" (1C 5,10).

Curada a "raiva" e gozando de uma "alegria indizível" e "animado pelo entusiasmo divino", dirigiu-se a Assis. "Vendo isso, todos os que o conheciam e confrontavam o presente com o passado passaram a insultá-lo vergonhosamente, chamando-o de louco e demente, e lhe atiraram pedras e lama das praças" (1C 5,11). Tudo isso me faz lembrar São João da Cruz, sendo maltratado por seus confrades de ordem.

O Santo de Assis não revelava ressentimento nem rancor. Era introduzido na faculdade do esquecimento. Escreve Celano que "o servo de Deus se fazia surdo a tudo isso e, nada ofendido ou abatido, dava graças a Deus por todas as coisas". Eis uma "forma de saúde forte", pois é em vão que o iníquo persegue quem tem ideais elevados: quanto mais for ultrajado, maior sua vitória" (1C 5,11).

Certa vez, Francisco, rezando em um bosque, foi assaltado por ladrões, que, após espancá-lo, jogaram-no "em uma fossa cheia de neve". Tendo com muita luta saído e sacudido a neve, "com alegria redobrada, começou a cantar em alta voz pelos bosques os louvores do Criador e de tudo" (1C 7,16). Somente um espírito de inocência alcança tamanha graça de superação do ressentimento e do ódio contra o outro.

Francisco nos ensina que somente a alegria pode dar fim ao ressentimento, ao ódio e rancor. O texto que nos enche de salutar sabedoria diante da faculdade de esquecimento é exposto no *Fioretti,* capítulo 8 (cf. a seguir). Nele São Francisco explica para Frei Leão em que consiste a perfeita alegria. É um diálogo sincero e cheio de realismo da parte do santo.

Texto reflexivo

Como a caminhar expôs S. Francisco a Frei Leão as coisas que constituem a perfeita alegria

"Vindo uma vez São Francisco de Perusa para Santa Maria dos Anjos com frei Leão, em tempo de inverno, e o grandíssimo frio fortemente os atormentasse, chamou frei Leão, o qual ia mais à frente, e disse assim: Irmão Leão, ainda que o frade menor desse na terra inteira grande exemplo de santidade e de boa edificação, escreve todavia, e nota diligentemente que nisso não está a perfeita alegria. E andando um pouco mais, chama pela segunda vez: Ó irmão Leão, ainda que o frade menor desse vista aos cegos, curasse os paralíticos, expulsasse os demônios, fizesse surdos ouvirem e andarem coxos, falarem mudos, mais ainda, ressuscitasse mortos de quatro dias, escreve que nisso não está a perfeita alegria. E andando um pouco São Francisco gritou com força: Ó irmão Leão, se o frade menor soubesse todas as línguas e todas as ciências e todas as coisas futuras, mas até mesmo os segredos das consciências e dos espíritos, escreve que não está nisso a perfeita alegria. Andando um pouco além, São Francisco chama com força: Ó irmão Leão, ovelhinha de Deus, ainda que o frade menor falasse com língua de anjo, e soubesse o curso das estrelas e as virtudes das ervas; e lhe fossem revelados todos os tesouros da terra e conhecesse as virtudes dos pássaros e dos peixes e de todos os animais e dos homens e das árvores e das pedras e das raízes e das águas, escreve que não está nisso a perfeita alegria. E caminhando um pouco São Francisco chamou em alta voz: Ó irmão Leão, ainda que o frade menor soubesse pregar tão bem que convertesse todos os infiéis à fé cristã, escreve que não está nisso a perfeita alegria. E durando este modo de falar pelo espaço de duas milhas, frei Leão, com grande admiração, perguntou-lhe e disse: Pai, peço-te, da parte de Deus, que me digas onde está a perfeita alegria. E São Francisco assim lhe respondeu: Quando chegarmos a Santa Maria dos Anjos, inteiramente molhados pela chuva e transidos de frio, cheios de lama e aflitos de fome, e batermos à porta do convento, e o porteiro chegar irritado e disser: Quem são vocês? E nós dissermos: Somos dois dos vossos irmãos, e ele disser: Não dizem a verdade; são dois vagabundos que andam enganando o mundo e roubando as esmolas dos pobres; fora daqui; e não nos abrir e deixar-nos estar ao tempo, à neve e à chuva com frio e fome até a noite: então, se suportarmos tal injúria e tal crueldade, tantos maus-tratos, prazenteiramente, sem nos perturbarmos e sem murmurarmos contra ele e pensarmos humilde e caritativamente que o porteiro verdadeiramente nos tinha reconhecido e que Deus o fez falar contra nós: ó irmão Leão, escreve que nisso está a perfeita alegria. E se perseverarmos a bater, e ele sair furioso e como a importunos malandros nos expulsar com vilanias e bofetadas dizendo: Fora daqui, ladrõezinhos vis, vão para o hospital, porque aqui ninguém lhes dará comida nem cama; se suportarmos isso pacientemente e com alegria e de bom coração, ó irmão Leão, escreve que nisso está a perfeita alegria. E se ainda, constrangidos pela fome e pelo frio e pela noite, batermos mais e chamarmos e pedirmos pelo amor de Deus com muitas lágrimas que nos abra a porta e nos deixe entrar, e se ele mais escandalizado disser: Vagabundos importunos, pagar-lhes-ei como merecem: e sair com um bastão nodoso e nos agarrar pelo capuz e nos atirar ao chão e nos arrastar pela neve e nos bater com o pau de nó em nó: e se nós suportarmos todas estas coisas pacientemente e com alegria, pensando nos sofrimentos de Cristo bendito, as quais devemos suportar por seu amor; ó irmão Leão, escreve que aí e nisso está a perfeita alegria, e ouve, pois, a conclusão, irmão Leão. Acima de todas as graças e de todos os dons do Espírito Santo, os quais Cristo concede aos amigos, será o de vencer-se a si mesmo, e voluntariamente pelo amor suportar trabalhos, injúrias, opróbrios e desprezos, porque de todos os outros dons de Deus não nos podemos gloriar por não serem nossos, mas de Deus, do que diz o Apóstolo: Que tens tu que te gloriares como se o tivesses de ti? Mas na cruz da tribulação de cada aflição nós nos podemos gloriar, porque "isso não é nosso" e assim diz o Apóstolo: "Não me quero gloriar, senão na cruz de Nosso Senhor Jesus Cristo". Ao qual sejam dadas honra e glória in secula seculorum. Amém.

Terapia existencial

1. Você já se sentiu alguma vez rejeitado pelos pais? Quando? Por quê?
2. Quais foram as frases negativas que você ouviu de seus pais?

3. Como esquecer as marcas negativas impressas em seu inconsciente?

4. Por que você se deixarem perturbar pelos mortos passados, em vez de libertar de suas mortalhas?

5. De que forma você busca superar seus traumas e obstáculos passados?

6. O que São Francisco de Assis pode lhe ajudar a superar seus ressentimentos?

Leitura Orante da Palavra: Mt 8,18-22.

Escutar: O que a Palavra diz em si?
Meditar: O que a Palavra diz para mim, hoje?
Orar: O que a Palavra me faz dizer?
Contemplar: A Palavra me leva ao coração de Deus!
Agir transformador: A Palavra leva-me aos outros.

6

Remover as mortalhas passadas

Cada ser humano traz sobre si um fardo de situações e acontecimentos passados, uns mais, outros menos. São traumas, frustações, problemas e medos. Toda uma pluralidade de acontecimentos, sinais, linguagens, símbolos, imagens, sentidos, ideais, transforma-se em elementos que dão configurações de forças internas, entrando em erupções, quando, transpondo o inconsciente, invadem o consciente dos indivíduos. Não há um indivíduo que não tenha vivenciado fatos pretéritos, cujos efeitos não repercutam em seu presente, por mais insignificantes que pareçam ser.

O que devemos fazer? – Munir-se daquela "saúde forte", uma força que a faz fechar "temporariamente as portas e janelas da consciência", ou seja, o esquecimento, o guardião da porta, o zelador da ordem psíquica (*GM,* 1998, Livro II, § 1) que impede que a consciência seja invadida pelas mortalhas do passado.

Santo Agostinho afirma que essas experiências e vivências encontram-se "nos vastos palácios da memória, onde se encontram os inúmeros tesouros de imagens de todos os gêneros, trazidas pela percepção [...]. A memória armazena tudo isso em seus amplos recessos e em seus esconderijos secretos e inacessíveis, para ser reencontrado e chamado no momento oportuno [...]. Não são os próprios objetos que entram, mas suas imagens pelos sentidos, e que aí ficam à disposição do pensamento, até que este se lembra de revelá-las" (*GM,* 1998, Livro X, 8).

Em nossa memória há um painel de imagens. Elas entram por meios dos sentidos. Podemos também chamar essas imagens de marcas fixadas em nossa memória. Agostinho lembra que estão lá armazenadas, em seus esconderijos secretos e inacessíveis, aquilo que Freud chama de inconsciente, porém, podem ser reencontradas e chamadas a qualquer instante. Essas imagens vêm por meio das lembranças. Elas retornam sem que as chamemos, por isso, devemos, mesmo temporariamente, fechar as portas e janelas da consciência (por meio do esquecimento), como a criança que facilmente se esquece das durezas dos adultos.

O grande desafio é darmos conta dos possíveis momentos em que as imagens são chamadas e, dependendo das circunstâncias, algumas pessoas não sabem lidar nem se confrontar consigo mesmas. A questão de fundo é que, diante de imagens negativas, lado doloroso existencialmente, as pessoas sentem remorsos, culpa, má consciência e se revoltam. O ruim disso é a ruminação das imagens em suas mentes. Terminam empanturradas de sentimentos negativos que lhes causam ressentimento e má consciência; sentem dificuldades de digerir o excesso de imagens negativas. Elas terminam causando certa fadiga mental.

As pessoas ressentidas guardam uma revolta interna muito acentuada. Revoltam-se porque as imagens negativas, depositadas em sua memória, quando entram em sua lembrança, fazem-nas adoecer na alma, causando-lhes mal-estar mental, espiritual e social. O olhar tende para ver as coisas negativamente. Onde há lindas flores, de odores inebriantes, elas somente percebem os espinhos, às vezes, tão escondidos, e a maldizem de mau odor. Por causa disso, elas culpam sempre os outros por seus fracassos e obstáculos. Os outros se tornam seus espinhos e seus maus odores. Portanto vivem mental e emocionalmente doentes.

Por outro lado, há pessoas que mesmo tendo sofrido situações traumáticas no passado vivem como nada disso tivesse ocorrido em sua vida. São extremamente agradáveis, amáveis e cuidadosas com os outros. Quando as marcas do passado entram em sua consciência, em vez de fazerem-lhes sofrer, pelo contrário, elas acionam a inocência e o esquecimento. Logo, são felizes e fazem outras pessoas felizes, pois olham o passado com um coração cheio de gratidão.

Temos de saber criar tanto no bem quanto no mal, na saúde e na doença, no prazer e no desprazer, no fluxo e no refluxo, na alegria e na tristeza, na angústia e na harmonia, no desespero e na esperança, na riqueza e na miséria. É na dinâmica existencial do cotidiano, nos procedimentos da vida, que o ser humano se torna o que é.

O modo de saber criar expande-se, espraia-se, semelhantemente às ondas do mar em seus fluxos. As ondas do mar nunca se negam – mesmo em seus momentos de refluxos – senão se afirmam. A Psicologia Criadora (leia meu próximo livro sobre o sentido dessa psicologia) vem na trilha de uma vontade de poder, um processo de luta perene, um querer-fazer para superar os obstáculos, as barreiras, para lhes garantir novos contornos, novas linhas sinuosas, novas curvas, novas expansões. Aqui a vida é afirmada.

Quando temos uma saúde forte, criamos a partir das experiências, das dúvidas, das solicitações existenciais que imprimem, no corpo, diversas e diferentes sensações boas ou ruins, alegres ou tristes, sofredoras ou prazerosas. Minhas últimas experiências vêm marcadas por tais sensações em meu corpo existencial. Contudo, foi preciso assumir experiências, a fim de que, mesmo nas tragédias, nos medos e nos traumas, afirmasse a vida. Aprendi a criar sem ressentimento e resignação, sem deixar que o recalcado transformasse o *devir* em uma negação da vida.

Uma outra saída seria nos munirmos do sentimento de resiliência. Que isso significa? – A palavra vem do latim – *resilirens,* particípio passado de *resilire,* "pular de volta", *re-,* "para trás", mais *salire,* "pular". É a capacidade de voltarmos atrás após situações desconfortáveis, tais como: obstáculos, medos, traumas, desilusões etc. Em outros termos, é a capacidade de nos adaptarmos diante de tais situações provocadoras de estresse, tristeza, depressão, ansiedade, retornando-nos ao estado de harmonia, paz, tranquilidade, calma. Quem não sofre diante do desemprego, do divórcio, da morte de entes queridos, do diagnóstico de uma doença letal?

Drama existencial

Conheci um talentoso jovem, com habilidade descomunal, sem precedente, para o ouvido musical. O encontro deu-se no Shopping Center 3, na Avenida Paulista, em 2011, na metrópole paulista. Na ocasião, ele participou de minha pesquisa de doutorado, pois seu perfil encaixava na tipologia dos indivíduos sem religião. De forma que, em uma tarde, diante de um forte vento frio, abriu o coração para as mais variadas perguntas. Porém o que me marcou foi o relato de sua infância traumática. Tinha tudo para se tornar um ressentido, uma pessoa revoltada, rancorosa com a vida, contudo, cresceu possuído por uma força interior que o salvou (e ainda o salva) dessa doença.

Sua noção de família, como afirmou, é trágica, pois assistiu ao drama do falecimento da mãe, quando tinha apenas quatro anos de idade. Em uma noite fatídica, virada de Ano-Novo, no momento em que se iniciava a queima de fogos, a mãe foi até a janela do décimo primeiro andar, do prédio em que moravam, na Avenida São João, quando alguém do sétimo andar, em vez de fogos, atirou para o alto com uma arma de fogo. O projétil foi direto ao peito da mãe. Fatalidade. Desespero para o pai que passou anos com depressão.

A criança, sem o aconchego materno, foi educada pelo pai e avós paternos, enfrentando muitas dificuldades e muitos obstáculos. Porém algo da progenitora marcou sua vida: a paixão pela música. Após os estudos fundamental e médio, começou a estudar música em algumas escolas de São Paulo. Lembra "bem no violino, com aquela voz bem potente, bem aguda, alta, todo mundo gostava". Com o tempo, sua "voz foi mudando e teve curiosidade em tocar piano". Daí cresceu seu interesse pelos grandes pianistas. Sem dúvida, a mãe, que executava piano, influenciou indiretamente o filho.

Como jovem, ele guarda alguns momentos em que participou de recitais e de pequenos concertos em auditórios. Porém avalia que ainda é muito pouco. Tem o desejo de se aperfeiçoar na música, como já esteve fora do país, procurando se qualificar, contudo, devido aos altos custos, teve de deixar a faculdade. Reconhece que o ensino musical, no Brasil, ainda é muito caro, e não há interesse de empresas em patrocinar cursos para pianistas. Nomeia bons pianistas como referenciais nacionais.

Narrou que, certo período em sua vida, sentiu-se muito ruim, psicologicamente. Uma depressão quase o tomou por inteiro. Seis meses ficou sem executar o piano, mas aos poucos foi se recuperando. Não precisou fazer nenhum tratamento; superou o pânico sem tomar nenhuma medicação. Revelou que ficou surpreso de si mesmo. Hoje, procura superar seus traumas por meio da música clássica. Isso é um exemplo de resiliência.

Mais recentemente, conheci outro compositor, intérprete, um excelente músico, que me chamou muito a atenção sua narrativa de vida. Segundo ele, quando tinha apenas quatro anos, assistiu ao assassinato de sua mãe pelo pai. Foi um desespero para a criança. Cresceu com a avó materna. As imagens do fato invadiam seu consciente. As fortes lembranças deixavam-no inquieto; por algum tempo não dormia tranquilo. Podemos imaginar o trauma de uma criança assistir à morte de sua própria progenitora.

Passados os tempos, o jovem foi se curando daquelas imagens fatídicas; as marcas traumáticas, hoje, não o fazem sofrer porque aprendeu a fechar as portas e janelas da consciência, pois se exercitou para o esquecimento; as marcas positivas tomam conta de seu consciente; na música, encontrou o sucedâneo para entrar no mundo da inocência; é uma pessoa altamente feliz; guarda um amor grandioso pela esposa e pelo filho; o sorriso no rosto é sua marca; externa uma sensibilidade pelas pessoas de forma muito acentuada, ou seja, uma pessoa integrada interiormente. Outro exemplo de quem vivencia o estado de resiliência.

Cuidar da higiene mental

As narrativas de meus entrevistados estão recheadas de uma saúde forte. Mesmo sem a presença das mães, ambos não carregam ressentimento em suas vidas. Tinham tudo para viver se lastimando e culpando os outros por seus fracassos. Não guardam aquele sofrimento na alma: culpar os outros por seus problemas existenciais. Aliás, há pessoas que escolhem determinados indivíduos como bodes expiatórios. Neles, projetam seus problemas e obstáculos. É uma forma de fugir para não os aceitar nem os assumir. As palavras que não saem de suas bocas geralmente são: "odeio", sinto "rancor", tenho "nojo"; "tenho ódio de meu chefe porque não me promoveu"; "odeio o professor X porque me deu uma nota baixa"; "tenho raiva de meus pais"; "não gosto de uma colega da escola"; "tenho nojo quando você fala essas coisas".

E assim essas pessoas vão desfiando o novelo de ódios, rancores, raivas, contra os outros. Com esse veneno vão se intoxicando. Para as pessoas rancorosas, os outros serão sempre os culpados de seus fracassos. Dizem elas: "Estou assim é por sua causa, antes eu era feliz"; "desde que o conheci, o atraso entrou em minha vida". Culpam-lhes de sua situação atual. Tornam-se vítimas de tudo. Vitimização resume suas vidas.

Juntam-se a essas atitudes os sentimentos negativos contra si mesmas. Quando fazem os outros sofrerem, elas também se sentem com má consciência de ter se comportado com sentimentos negativos. Dupla doença: ressentimento (culpar o outro) e má consciência (culpar a si). Chegará o dia em que tais pessoas espocar-se-ão como um balão; podem surtar a qualquer instante, como um vulcão, cujas lavas de consequências respingarão em muitas outras pessoas próximas.

O pianista, por mim entrevistado, pode ser exemplo para muitos ressentidos. O que passo a analisar faz parte de seus depoimentos.

Quando teve depressão, pensou consigo: "não, imagina, não posso jogar fora tudo que já alcancei na vida. Foi muita dedicação de muitos anos, de uma paixão, para largar assim, repentinamente; não será qualquer adversidade que vai me jogar no chão; a vida tem isso; não é por causa desses obstáculos que vou deixar me abater pelo pânico...".

Sua higiene mental foi genial. Não precisou ingerir nenhum psicotrópico. Superou a si mesmo por meio de sua própria mente positiva e força interior. Nietzsche afirmava que "espírito livre" é todo aquele que, de si mesmo, de novo tomou posse (*Ecce homo,* 1995). Implica dizer que o indivíduo não deve transferir a outrem o poder de se autoafirmar. Tomar posse de si mesmo significa assumir com responsabilidade e liberdade sua história, seus desejos, suas metas e possibilidades. Quando se transfere a outrem alguma coisa de seu ser, o sofrimento pode ser maior, tornando-se joguete nas mãos de estranhos.

Nosso narrador, ao contrário, testemunha que, de seus traumas passados, saiu mais fortalecido, pois assumiu a tragédia como alimento para sua arte: "Minha arte é trágica, minha maneira de tocar é trágica, pesada, sangrenta, então, combina (risos); isso foi um alimento também. Eu não tenho essa visão só ruim da tragédia. Eu acho se eu for ver, por exemplo, na Segunda Guerra Mundial a tecnologia teve um *boom* absurdo, as produções artísticas foram imensas; então, a guerra, a tragédia, a dor, é um baita alimento para muitas coisas".

O jovem faz do sofrimento algo supremo que pode levá-lo ao êxtase e produzir suas partituras. Percebi, por meio de sua fala, uma força de vontade para superar a si. Nada de associar o sofrimento ao pecado, à morte. Não exterioriza nenhum ressentimento. Pelo contrário, da experiência do sofrimento surgiu algo mais positivo, uma afirmação da vida. Continua sua narrativa:

> "Cada vez que eu retomo, toco cada vez mais forte, mais pesado. Essas marcas são importantes. Essas dores, todas, quando são bem aproveitadas, transformadas em mais força, em mais coragem, isso é bom. Eu tento fazer isso; tento aproveitar mesmo da situação ruim uma coisa boa que [é] a garra, a persistência (...). A própria doença pode ser a solução, porque, assim, por meio da doença você pode ter uma vida mais profunda, mais dedicada, como Chopin que tinha tuberculose e viveu trinta e nove anos. Durante essa idade, ele compôs uma obra muito madura que ninguém explica até hoje; nunca houve na história da música um compositor como Chopin, nem antes nem depois; ele é único, a obra dele é única, impecável, é genial, perfeita; matematicamente perfeita no efeito, perfeita na técnica".

Uma aula de superação, um tom de resiliência encontra-se na fala de nosso narrador. Testemunha a cura por meio da higiene mental. Toma como modelo Chopin que, apesar de sua doença, compunha genialmente. O narrador, diante do sofrimento, retoma o destino da vida mais forte, mais pesado. As marcas da dor são-lhe importantes. Sabiamente diz como interpretar e valorar nesses instantes: "Essas dores, todas, quando são bem aproveitadas, [são] transformadas em mais força, em mais coragem, isso é bom. Eu tento fazer isso; tento aproveitar mesmo da situação ruim uma coisa boa que a garra, a persistência". Portanto ele assume os acasos como elementos constitutivos da existência, da vida como é.

A vida de Frédéric François Chopin (1810-1849) foi tomada por sofrimento. Um monumental pianista polonês, radicado na França, marcou a história da música clássica. Considerado um dos maiores pianistas, Chopin, mesmo doente, compunha com genialidade. Não se entregou à doença.

Por meio da experiência trágica, o indivíduo revela a vontade criadora. Esta força o faz criar em momentos de dor, de acasos, como afirma Nietzsche.

Desses instantes, ele sai mais fortalecido e revigorado. O sofrimento torna-se alimento para produção da arte musical. A composição, a música, o piano, tudo isso torna-se algo relevante em sua vida porque, no presente, toma para si como algo que o afeta interiormente. É a paixão, aquela força plástica, que o faz mover e afirmar a vida.

Tomando esses exemplos, podemos afirmar que há pessoas que trazem em si uma extensa força de vontade para superar os obstáculos, as limitações e as dificuldades. Outras, mesmo no sofrimento, dão uma guinada tal que ficamos impressionados de suas afirmações e determinações. As marcas são importantes quando transformadas em degraus para a afirmação da vida. Sem dúvida, os traumas, quando são bem aproveitados, podem ser transformados em mais vigor, em mais coragem, para se conseguir êxito na vida. Portanto aproveitar as situações ruins para saber criar.

Trazemos da infância, como um camelo, normas, costumes, valores, dogmas, medos, superstições, ameaças, violências. Alguns desses elementos podem nos fazer sofrer e impedirem-nos de alcançar a liberdade. O aforismo sobre *as três transformações* faz-nos compreender o sentido da filosofia nietzschiana, considerando o dinamismo do *eterno retorno* cujo significado encontra-se no processo de "construir e destruir – *como uma criança construindo castelos na praia* – sem qualquer imputação moral, em inocência eternamente igual" (NIETZSCHE, 2007, grifo meu). O impulso para o jogo é retomado sempre de novo. Similar à criança que, abandonando o brinquedo, depressa recomeça a brincar com uma disposição inocente (*ZA*, 2007, I, *'Das três transformações'*). Aqui, não existe sentimento de culpa originária, nem má consciência, nem memória. Existe inocência. Nessa perspectiva, Nietzsche constrói sua filosofia da vida que dispensa "uma ética com os imperativos constrangedores do "tu deves" (*ZA*, 2007, I, *'Das três transformações'*).

A criança move-se por meio das permanentes forças que se afirmam nos instantes de saciedade. Nesses instantes, manifestam-se a afirmação do *ser* do *devir*. E esquecendo o brinquedo por alguns momentos, a necessidade apodera-se dela novamente e, tomada de impulsos, retorna ao mesmo. Eis o regresso do *devir* em ação, em experiência, buscando afirmar-se. Portanto o *ser* do *devir* nunca está por inteiro satisfeito.

As forças internas são vivenciadas pelo espírito da criança segundo dois movimentos: de inocência e de esquecimento. A criança coloca-se sempre em "um novo começar, um brinquedo, uma roda que gira por si mesma, um movimento, uma sagrada afirmação". A criança toma para si o "próprio querer". Ela jamais transfere seu querer para outro mundo senão aquele que é seu (*ZA*, 2007, I, *"Das três transformações"*).

O tempo da eternidade significa que tudo é possível. É o momento das possibilidades. A criança representa esse tempo porque nunca está completa, preenchida plenamente. Ela se subtrai à lógica. Ela representa o eterno. Ao jogo deve sempre retornar, para que seu *eu* permaneça ascendendo. As possibilidades são infinitas. A criança, no jogo, entrega-se por inteira, sem se deixar prender à sucessão do tempo cronológico. A criança leva a sério o jogo. As regras encontram-se em seu próprio dinamismo de jogar.

Na criança não há a identidade da coisa *em si*, mas um *plus* de forças que ativam as coisas para se porem em movimento. Nela, a vontade é criadora porque há uma força para criar, mesmo em momentos de limitações. Há um *qualia* que implica intensidade, mesmo dentro de um *quantum* mínimo. Nesse caso, o relevante para uma pretenciosa Psicologia Criadora é a qualidade (*qualia*), pois ela é intensiva, um contínuo de alto grau de eficácia que tende sempre a retornar, mesmo que sua quantidade (*quantum*), isto é, a duração, não seja extensa.

Isso implica dizer que tudo na vida há forças positivas que nos levam a uma grande intensidade ao tempo em que realizamos atividades que nos deem alegria, prazer, realização, contentamento, embriaguez a qual gostaríamos que não tivessem fim, ou seja, que fossem eternas. Aqui temos duas dimensões: a duração – quantidade – e a intensidade – qualidade. Quando entramos no universo da criança, fazemos tudo com intensidade (*qualia*), pois nos entregamos de corpo e alma ao jogo, embora este, às vezes, seja de curta duração (*quantum*).

Mas vejamos. Podemos aprender com a criança quando se está dentro do jogo. Percebemos o duplo movimento: saciedade e necessidade. Após se sentir saciada, ela se distrai e, instantes depois, retorna ao jogo porque sente a necessidade dele. Assim é a vida humana dentro do jogo de saciedade e necessidade. Nós adultos precisamos aprender a entrar no jogo do eterno retorno. Não entramos porque trazemos o espírito de camelo, às vezes, no máximo, atingindo o espírito do leão. Mas ainda limitados porque atingimos apenas um espírito de luta e de revolta. Isso ainda não é espírito de equilíbrio conosco mesmos, senão o espírito de gravidade.

Escapar ao tempo inexoravelmente brutalizado pela "modernidade pesada" (BAUMAN, 2001). Romper com a sucessão desse tempo é o grande desafio nas sociedades modernas. O espírito do leão, de certa forma, quebra a ordem desse tempo, permitindo-lhe momentos de eclosões plenificantes, mas ainda não é o que Nietzsche pensa sobre um indivíduo de espírito livre.

O indivíduo que não sabe se esquecer, segundo Nietzsche, torna-se refém de dois sistemas do aparelho reativo: a consciência e o inconsciente.

O inconsciente reativo é definido pelas marcas mnêmicas, pelas impressões duráveis (DELEUZE, 2001, p. 169). Como dispéptico, traz em si a deficiência da faculdade de esquecer: "a cera da consciência fica como que endurecida, a excitação tende a confundir-se com sua marca no inconsciente, e inversamente, a reação às marcas aparece na consciência e invade-a" (ibid., p. 169). Não ponha no outro a culpa de seus problemas.

Corre o risco de imputarmos aos outros as razões de sermos o que somos no presente (sucesso ou fracasso). Nesse caso, a interpretação de nossa existência é pautada na imputação dos erros e das responsabilidades: a amarga recriminação, a perpétua acusação, o ressentimento (DELEUZE, 2001, p. 34). Há uma força reativa. Para Nietzsche, "este instinto da vingança apoderou-se de tal maneira da humanidade, no decorrer dos séculos, que toda a metafísica, a psicologia, a história e, sobretudo, a moral trazem sua marca" (apud DELEUZE, 2001, p. 35).

Portanto algumas pessoas precisam se superar de duas atitudes: das cargas que trazem de ressentimentos ("é por tua culpa") e da má consciência ("é por minha culpa"). Elas não permitem que vivam harmoniosamente consigo mesmas. Tomar para si a responsabilidade da vida, e não imputar aos outros o que se encontram nelas mesmas, embora tenha sido marcas causadas por outrem. Isso não significa retirar dos outros parcelas de contribuições pelas marcas negativas ou positivas em nosso inconsciente.

Texto reflexivo

Das três transformações

Tenho medidato o aforismo Das três transformações do fisósofo alemão Fredrich Nietzsche. Narra ele que "há três transformações do espírito. Ele se transforma em camelo, e o camelo em leão, e o leão, finalmente, se transforma em criança". Talvez você tenha de dar esse passo, por mais difícil que seja.

A primeira transformação do espírito em camelo significa que o homem (espírito) percorre o deserto, similar ao camelo, levando a carga, o fardo, desde seu nascimento até a morte. Põe-se de joelho diante de obrigações e ordens. Como uma besta de carga, vive resignada, carregando o peso dos valores ditos superiores à vida. Se, por um lado, ressente-se, por outro, não reage. Para onde se direciona, lá se encontram ideias e promessas enganosas.

O camelo, diante da experiência de fardo, carregado de sofrimento, um dia transforma-se em “leão”. Esse já é um passo para a liberdade, pois luta para “apoderar-se da liberdade e ser senhor do próprio deserto”. Ele trava a luta contra “o grande dragão a quem o espírito não quer mais chamar de deus nem deserto: ele se chama ‘Tu deves’” (ZA, I, Das três transformações). O leão combate criticamente as normas e os valores impostos aos indivíduos (Tu deves). Porém, como o camelo, ele também está impossibilitado de criar valores novos, pois, conquistar o direito de criar novos valores é a mais terrível das apropriações. Para ele, isso não passa de um roubo violento, algo próprio de um animal predador. Antes, ele amava o ‘Tu deves’ como o que havia de mais sagrado, para conquistar a liberdade à custa de seu amor. Nesse caso, é necessário o leão. (ZA, I, Das três transformações).

O espírito sólido e respeitoso somente alcança sua última posição quando se transforma de leão em “criança”. Significa que o espírito atingiu seu próprio querer, pois uma vez perdendo-se para o mundo quer alcançar o mundo que é seu.

Nietzsche descreve o que significa esse espírito transformado em criança: “A criança é inocência e esquecimento, um novo começar, um brinquedo, uma roda que gira por si mesma, um movimento, uma sagrada afirmação. Sim, meus irmãos, para o jogo da criação é necessária uma sagrada afirmação. Agora o espírito exige o próprio querer. Aquele que se perdeu para o mundo quer alcançar o mundo que é seu” (NIETZSCHE, 2007, ZA, I, Das três transformações).

Terapia existencial

1. Quais são as imagens (marcas) que vêm em minhas lembranças que me fazem sofrer na alma?
2. Como e quando essas imagens entraram em minha memória (inconsciente)?
3. Quem fez essas imagens adentrarem em minha memória?
4. Quando relembro minhas memórias, o que elas me causam?
5. Culpo os outros por meus fracassos e obstáculos?
6. De que forma procuro superar as imagens que me fazem sofrer na alma?
7. Por que não me esqueço dessas imagens?

Leitura Orante da Palavra: Jo 9,1-34.

Escutar: O que a Palavra diz em si?
Meditar: O que a Palavra diz para mim, hoje?
Orar: O que a Palavra me faz dizer?
Contemplar: A Palavra me leva ao coração de Deus!
Agir transformador: A Palavra leva-me aos outros.

7

Superar o medo do outro

São Francisco de Assis percebia o *outro* como um irmão; procurava construir relações fraternais como forma de integrá-lo ao círculo de irmandade; proporcionava, dentro de suas limitações, condições materiais e espirituais, para que o outro pudesse existir entre os iguais-diferentes, convivendo no mesmo ecossistema que Deus lhes dera gratuitamente.

O outro-diferente, para Francisco, deve ser tratado como criatura de Deus, não como inimigo. Com essa pedagogia, ele desejava salvar a alma do irmão. Essa forma de evangelizar favorecia-lhe encaminhá-lo a Deus. Aqui entra uma de minhas experiências vivenciada em uma de nossas comunidades da Paróquia São Raimundo Nonato, bairro Piçarra, zona Sul de Teresina, PI.

Ao adentrar na capela, encontrei apenas três senhoras que rezavam o Ofício de Nossa Senhora. Aquilo me chamou a atenção, pois, naquele instante, elas poderiam realizar outra ação, por exemplo, andar pelas ruas do bairro, de porta em porta, convidando os moradores para o culto religioso daquela noite.

Propus-me, antes da missa, fazer uma volta pelas ruas do bairro. E assim fiz. Passei em frente a várias casas, cujas portas estavam abertas; alguns moradores assistiam à telenovela; outros ouviam músicas; outros ainda sentavam em frente a suas casas, ou jantando sobre o sofá, em frente à TV; crianças brincavam sobre a areia; homens bebiam no bar; um idoso sentado à porta de casa.

– Vamos participar da missa! – convidava eu as pessoas, durante o percurso.

Em uma das ruas, percebi crianças que brincavam sobre o chão. Parei e conversei com elas. Foi gratificante manter aquele bate-papo com as crianças, coisa que os adultos, pessoas "sérias", não têm tempo para isso.

– Crianças, vamos à missa! – convidei-as, espontaneamente.

– Eu não, eu sou muito traquino – respondeu-me uma delas.

– Alguém disse isso de você, e você está acreditando. Não é bem verdade. Venham, vamos! – concluí.

Durante a homilia, momento em que o sacerdote explica a Palavra de Deus aos fiéis, e aproveitando o tema da noite: "Francisco e a Fraternidade", aliás muito sugestivo e apropriado, narrei minha experiência, fazendo entender que havia muitos desafios na evangelização, e um deles seria sair de nosso isolamento e ir ao encontro das famílias, das pessoas distantes da comunidade, dos indivíduos de condutas diferentes das nossas. Disse também que, às vezes, rezamos na capela, quando poderíamos sair pelas ruas e praças convidando as pessoas para o encontro com Jesus Cristo.

Lembrei-me, na ocasião, de uma legenda da Vida de São Francisco. É a história do Lobo de Gúbio. Explico abaixo.

Drama existencial

Gúbio está localizada no Norte da Itália. Segundo a lenda, havia um baita de um lobo extremamente *terrível e feroz,* que andava perambulando pelas ruas, amedrontando seus moradores; quer dizer, não só metia medo, como também *devorava animais como os homens.* De forma que todos os citadinos *andavam armados quando saíam da cidade, como se fossem para um combate.* Como parece, o lobo era altamente periculoso, e ninguém ousava desafiá-lo. Por conseguinte, era preciso que as pessoas andassem armadas.

É um mundo tomado pelo terror, pelo pânico. Violência da parte de um animal: um lobo. Que espécie de animal? Quais são seus atributos?

Fui mais adiante em minha homilia. Narrei que Francisco tomara conhecimento daquele fato. Ora, como o lugarejo era bem pequeno, a notícia logo se passara de boca em boca. Assim sucedeu. O *Povarello de Assis,* como sempre foi um homem de aventuras, colocou-se mais uma vez à frente da sociedade como mediador entre citadinos e lobo. Aliás, ele já fizera o papel de mediador em um outro momento, outono de 1219, quando foi ao Sultão do Leste, pedir-lhe paz entre sarracenos, povo de cultura mulçumana, e os cristãos, que lutavam pelos lugares santos, no período de uma das cruzadas.

Francisco tomou conhecimento do que estava ocorrendo na cidade de Gúbio. Compadeceu-se das pessoas que não podiam mais sair de casa, devido a tal violento e feroz animal. Compadecer-se é o primeiro passo para ir ao encontro de quem necessita de ajuda, de solidariedade e apoio em meio às dificuldades e aos problemas do outro. A população ia ao encontro do lobo armada. E Francisco, considerado "irmão menor" entre todas as criaturas, dirigiu-se ao encontro do lobo de outra forma.

Mas de que forma?

- Segundo a legenda, ele conduzira unicamente a Cruz. Um símbolo muito significativo na cultura ocidental, pois representa não somente a morte cruel, mas também vida, vitória sobre a morte. A Cruz de Cristo tornou-se um símbolo muito forte para o menor dos menores de Assis. Ela manifesta força e esperança da vitória em meio ao sofrimento, à perseguição, à opressão. Francisco muniu-se dessas duas virtudes para conquistar o temido e ameaçador lobo. Ao se aproximar do animal e vendo-o abrir a boca, mostrou-lhe a Cruz.

– Vem cá, irmão lobo – disse Francisco ao animal – ordeno-te da parte de Cristo que não faças mal nem a mim nem a ninguém.

O milagre fora alcançado! O lobo, pois, obedeceu a suas ordens. O gesto de Francisco, de colocar a Cruz diante do lobo, lembra o rito de exorcismo utilizado pela Igreja por muito tempo, para exorcizar possíveis indícios de possessão demoníaca.

Daí Francisco fez um pacto entre os citadinos e o lobo.

– Irmão lobo – aconselhou-o –, desde que é de teu agrado fazer e conservar esta paz, prometo te dar continuamente o alimento enquanto viveres, pelos homens desta terra, para que não sofras fome; porque sei bem que pela fome é que fizeste tanto mal.

A legenda termina dizendo que Francisco saiu com o animal pelas ruas da cidade, onde seus habitantes, tomados de admiração, aceitaram a proposta de alimentar diariamente o lobo e, a partir daquele dia, não fez mal a ninguém mais do lugarejo.

Cuidar da higiene mental

A legenda é muito sugestiva e atual, pois nos encontramos frente a um mito, onde temos, por um lado, o lobo que é tido como causador de desordem, de antinomia, caos; por outro, a sociedade que se sente amedrontada e ameaçada pelo lobo. Toda a sociedade, porém, posiciona-se de forma violenta, indo ao encontro do lobo armada, intencionando matá-lo, tirá-lo de seu meio. Contudo, surge o herói, Francisco, que enfrenta o lobo, como irmão, devolvendo a seus citadinos a ordem e a paz perdidas. Ademais, o meio que o Pobre de Assis utiliza não é nenhuma arma de fogo, símbolo da guerra entre povos e inimigos, mas a Cruz, símbolo de Aliança e Vida.

Na sociedade moderna, como ir ao encontro do "lobo" feroz que amedronta a população? Como recuperar o corpo do lobo já estigmatizado pelos citadinos? Que pedagogia, para domesticar a violência, deve-se usar diante de indivíduos violentos?

Em uma interpretação mais atenta às circunstâncias sociais, podemos supor que o lobo não se restringe unicamente à espécie animal enquanto tal, mas a uma questão muito mais ampla que nos dá condições de avaliar o comportamento das pessoas no meio social e como elas reagem ao mundo exterior, no confronto com o diferente, com o estranho, o qual, às vezes, encontra-se fora da ordem, da organização, da instituição. Com efeito, a ação social acontece nas interações sociais entre os indivíduos.

Voltando ao menino, segundo o qual não iria à capela porque o consideravam traquino. Ora, o que significa ser traquino?

– Verificando o dicionário Aurélio, o verbete significa: *fazer motim, fazer ruído; irrequieto*. Então, o traquino é aquele que faz ruído, barulho, agitando os outros meninos. É o peralta, o travesso. No fundo, o traquino é alguém que ameaça a ordem, a organização, o ambiente daqueles que parecem nunca ter sido criança na vida.

Na sociedade, os indivíduos estão sujeitos ao controle, isto é, a uma série de padrões já pré-fabricados dos quais não podem fugir e, por conseguinte, não devem manifestar comportamentos estranhos ao meio. Do contrário, serão considerados anormais, causadores da disfunção da ordem e das relações com outrem. As formas de coerção externas exercem forças repressoras, de censura e controle sobre indivíduos que violam tais padrões; elas determinam maneiras de condutas sociais.

O sociólogo Peter Berger tem razão quando afirma que "situar-se na sociedade significa situar-se em relação a muitas forças repressoras e coercitivas" (BERGER, 2001, p. 90). Isso implica que "a localização na sociedade constitui uma definição de regras que têm de ser obedecidas" (BERGER, 2001, p. 80) e, uma vez internalizadas, o indivíduo constrói suas identidades (p. 111).

E uma das formas de coerção é a difamação. Ou seja, a forma como uma pessoa pode ser levada ao ridículo em determinado grupo específico. Assim, aquela criança sentia-se ridicularizada cada vez que chegava ao meio dos adultos, sobretudo na escola, na capela e na família. Essa forma de manter relações é perigosa porque inibe o processo de socialização de indivíduos que necessitam se afirmar enquanto cidadãos.

Francisco nos mostra o quanto a dimensão do *ser fraterno* é questão de prioridade em sua vida. Para isso, dá-nos o exemplo do lobo. Essa é a representação de uma sociedade em que as relações humanas são marcadas pela negação do outro, o lobo perigoso, que precisa ser eliminado do meio. Francisco demonstra o quanto é preciso ir a seu encontro, tratando-o como irmão e não como inimigo. Fazer-se amigo do lobo devorador foi a maneira que Francisco encontrou para instituir a paz na cidade de Gúbio.

Em tempos modernos, necessitamos eleger mecanismos e formas que nos ajudem a construir relações sociais empáticas, que nos deixem mais tranquilos e calmos frente aos outros, acolhendo-os como criaturas de Deus. Aqui se encontra um dos valores antropológicos franciscanos que precisa ser recuperado e vivenciado no dia a dia entre os indivíduos. O fazer-se irmão está intrínseco à categoria do *ser menor*, cujo significado deve ser analisado, não como algo pejorativo de coitado, imbecil, senão como algo interior, que é construído a partir de uma mística alicerçada na solidariedade mais profunda frente ao outro diferente. Ademais, precisamos criar condições para que todos possam usufruir de igual modo dos bens materiais e espirituais. Tais gestos praticamos quando saímos de nós mesmos e compartilhamos do que melhor temos com os outros.

Texto reflexivo

O lobo de Gúbio

"No tempo em que São Francisco morava na cidade de Gúbio apareceu no condado de Gúbio um lobo grandíssimo, terrível e feroz, o qual não somente devorava os animais como os homens, de modo que todos os citadinos estavam tomados de grande medo, porque frequentes vezes ele se aproximava da cidade; e todos andavam armados quando saíam da cidade, como se fossem para um combate; contudo quem o sozinho o encontrasse não se poderia defender. E o medo desse lobo chegou a tanto que ninguém tinha coragem de sair da cidade. São Francisco, tendo compaixão dos homens do lugar, quis sair ao encontro do lobo, se bem que os citadinos não o aconselhassem completamente: e fazendo o sinal da santa cruz, saiu da cidade com seus companheiros, pondo toda a sua confiança em Deus. E temendo os outros ir mais longe, São Francisco tomou o caminhou que levava ao lugar onde estava o lobo. E eis que, vendo muitos citadinos, os quais tinham vindo para ver aquele milagre, o dito lobo foi ao encontro de São Francisco com a boca aberta: e chegando-se a ele, São Francisco fez o sinal da cruz e o chamou a si, e disse-lhe assim: 'Vem cá, irmão lobo, ordeno-te da parte de Cristo que não faças mal nem a mim nem a ninguém'. Coisa admirável! Imediatamente após São Francisco ter feito a cruz, o lobo terrível fechou a boca e cessou de correr; e dada a ordem, foi mansamente como um cordeiro e se lançou aos pés de São Francisco como morto. Então São Francisco lhe falou assim: 'Irmão lobo, tu fazes muitos danos nesta terra, e grandes malefícios, destruindo e matando as criaturas de Deus sem sua licença; e não somente mataste e devoraste os animais, mas tiveste o ânimo de matar os homens feitos à imagem de Deus; pela qual coisa és digno da forca, como ladrão e homicida péssimo: e toda a gente grita e murmura contra ti, e toda esta terra te é inimiga. Mas eu quero, irmão lobo, fazer a paz entre ti e eles; de modo que tu não mais os ofenderás e eles te perdoarão todas as passadas ofensas, e nem homens nem cães te perseguirão mais'. Ditas estas palavras, o lobo, com o movimento do corpo e da cauda e das orelhas e com inclinação de cabeça, mostrava de aceitar o que São Francisco dizia e de o querer observar. Então São Francisco disse: 'Irmão lobo, desde que é de teu agrado fazer e conservar esta paz, prometo te dar continuamente o alimento enquanto viveres, pelos homens desta terra, para que não sofras fome" (Fontes Franciscanas, Fioretti).

Terapia existencial

1. Como eu vejo o "outro"?
2. Por que não dou um passo ao encontro do "outro"?
3. Sinto-me superior às pessoas?
4. Já manifestei atitudes racistas, preconceituosas, discriminativas, homofóbicas? feminicistas?
5. Que faço para superar tais atitudes?
6. Guardo rancor e ódio das pessaos que me fazem o mal?

Leitura Orante da Palavra: Lc 7,36-50.

Escutar: O que a Palavra diz em si?
Meditar: O que a Palavra diz para mim, hoje?
Orar: O que a Palavra me faz dizer?
Contemplar: A Palavra me leva ao coração de Deus!
Agir transformador: A Palavra leva-me aos outros.

8

Não se deixar envolver pelas trevas

O salmista clama em alto e bom som: "Das profundezas clamo a ti, Senhor: Senhor, ouve o meu grito!" (Sl 130,1-2). O salmista representa cada ser humano quando se encontra aprisionado em uma noite de solidão, sofrimento, amargura e tristeza! Assim devemos buscar o Senhor, sobretudo naquelas ocasiões mais tempestuosas e professar: "Senhor, tu és minha lâmpada; meu Deus ilumina minha treva" (Sl 18,29).

Há uma oração de São Francisco que segue este pensamento: "Iluminai, Senhor, as trevas de meu coração. Dai-me uma fé reta, uma esperança firme e uma caridade perfeita; sensibilidade e conhecimento, Senhor, para que eu cumpra vosso santo e veraz mandamento". Diariamente invoco esta oração! Muitas vezes, pego-me orando-a involuntariamente, pois já se tornou algo que faz parte de minha vida de intimidade com Deus.

Fico a imaginar uma vida envolvida em trevas! Todo o cuidado para que não sejamos envolvidos pelas trevas. Na bíblia, o oposto à treva é a luz. A escuridão é a ausência de luz. Nela, não temos como nos orientar seguramente. Nas trevas, somos tomados pelo pavor e desespero porque ficamos vulneráveis a algum perigo.

Jesus disse: "Eu sou a luz do mundo; aquele que me segue não andará em trevas, mas terá a luz da vida" (Jo 8,12). Nessa metáfora, Ele quer indicar que somente quem segue suas orientações vive na verdade. Quando Jesus afirma que é a Luz significa que Ele é a Verdade. Andar em trevas implica em abandonar o Caminho da Luz. Quem é da mentira é das trevas. Satanás é das trevas porque ele é o pai da mentira. Lembra o Apóstolo Paulo: "Outrora éreis trevas, mas agora sois luz no Senhor: comportai-vos como verdadeiras luzes" (Ef 5,8). A conduta de quem é luz se revela na forma de viver no mundo, praticando as boas obras nas relações com os outros.

Drama existencial

O tema desse capítulo está relacionado a um jovem amigo de Teresina: uma pessoa negra, alta, magra, olhos tristonhos, boca grande. Profissionalmente era um excelente pintor e mecânico. Uma pessoa muito serviçal. Estava sempre disponível quando lhe solicitava algum serviço. Fazia de tudo que se possa imaginar; um cara muito disposto, desconhecedor da preguiça. Havia outra qualidade: muito responsável com o que era alheio. Mas meu amigo somente tinha um defeito: o vício do álcool. Não passava um dia sem que tomasse sua cachaça. Lutava para se libertar da dependência química.

Ao retornar de férias, em 2018, recebi a informação de que meu amigo havia tentado se suicidar. Fiquei um tanto chocado com essa informação, pois ele não teria motivos para tanto, mesmo com o sofrimento espiritual, após a morte de uma de suas irmãs, aquela que mais amava e tinha admiração! Pedi que alguém lhe comunicasse que viesse conversar comigo.

O jovem apareceu-me em uma noite de domingo, após a missa, dizendo que realmente gostaria de falar sobre os problemas pelos quais estava passando. Agendei um encontro para a manhã do dia seguinte.

E assim aconteceu, sorrindo, acolhi-o em nosso convento.

– E aí, meu amigo – perguntei-lhe –, o que está se passando contigo?

Daí ele passou a narrar os últimos acontecimentos de sua vida.

Tudo iniciou, segundo ele, após ter ingerido um comprimido para dores de garganta que mandara comprar. Só que, segundo ele, o farmacêutico vendera a medicação errada. Tomou-a, mas não se conteve e ingeriu bebida alcoólica. Foi o fim. Na oficina, passou mal: calafrios, medo, tontura e arrepios. Junto a isso, as imagens de sua mente passaram a se alterar. Teve de parar as atividades. Entrou em "alta tensão" –, como descreveu. Ou seja, todo o seu sistema nervoso foi alterado, incluindo o emocional.

O que passo a descrever foram momentos vivenciados por ele que tinha pavor e medo quando retornavam, a sua memória, imagens que o deixava desestabilizado e em estado de choque. As imagens aterrorizavam-no. Segundo ele, após misturar a medicação com a bebida, entrou em um forte estado de alucinação: ouvia vozes e imagens de pessoas estranhas e disformes. Sua vida tornara-se um inferno: a vista escureceu e sentia-se envolvido em uma sombra, uma nuvem escura, de onde via uma multidão de pessoas que lhe jogavam pedras; outras gargalhavam zombando de si; vozes estridentes desdenhavam-no; crianças apontavam em sua direção; indivíduos apareciam sobre os muros e, apontando em sua direção, diziam: "é ele"; com olhos esbugalhados, espiavam-no por meio dos buracos do muro; de repente, um helicóptero sobrevoava sua cabeça, e policiais vinham-no buscar para prendê-lo; enfim, e aqui é o mais assombroso que o enchia de pavor e terror: a imagem do demônio - um homem branco, olhos azuis, rosto todo rachado, semelhante ao barro seco, deitado sobre uma mesa, na praia, erguendo as duas pernas, uma das mãos elevada à boca, fazendo-lhe gracejos e trejeitos.

– Vou te pegar, Satanás – jurou-lhe o jovem.

– É agora – respondeu-lhe o Satanás.

No instante em que o Satanás disse-lhe "é agora", meu amigo correu, pegou um fio e pôs a enrolá-lo em torno de seu pescoço. Lembra que tentava se desvencilhar do fio, porém já não tinha como retornar. Já estava sufocado. A cabeça pendia. Foi quando dois de seus amigos correram para socorrê-lo; do contrário, teria morrido enforcado.

Ele não sabia o que se passava consigo. Tudo que me contou parecia algo surrealista, uma miragem, um filme de ficção, lendo sua narrativa acima. Porém foram momentos de sofrimento em sua alma.

Mas as sequelas ficaram. Primeiro física. Ele mostrou-me os sinais dos fios em torno do pescoço. Marcas que me assustaram. Emocionalmente, o rapaz não era mais o mesmo. Tornara-se uma pessoa triste e angustiada. Dia e noite, revivia as imagens, escutava as vozes de seu estado alucinógeno e apavorava-se ao pensar sobre a tentativa de suicídio. Vivia sobressaltado, procurando, por meio da bebida alcoólica, superar os medos; sentia sensações de terror quando imaginava as cenas do suposto suicídio; enfim, chorava constantemente.

Prometi-lhe levá-lo a uma comunidade de recuperação de dependentes químicos. Aceitou. Mas em fevereiro de 2019, fui transferido para Piripiri, para assumir a Paróquia Nossa Senhora dos Remédios. Fez por outra, quando vinha ao bairro Piçarra, encontrava-me com aquele jovem e perguntava-lhe como estava. De forma positiva, sempre me respondia que estava bem. Aquilo me fazia crer que emocionalmente ele havia superado aquela situação traumática do ano anterior.

Porém, dois anos depois da primeira tentativa de suicídio, fui informado por um confrade que o jovem havia cometido suicídio, no dia dois de setembro de dois mil e vinte. Aquilo me deu um choque muito profundo! Fiquei triste com sua morte. Restava tão somente rezar uma missa de sétimo dia em sua intenção.

Cuidar da higiene mental

Diante das colocações do jovem acima, passei a meditar sobre a importância de se deixar envolver pela luz divina. Na Bíblia, luz significa a manifestação divina, isto é, Deus se manifestando ao homem. E o Salmo 4,7 diz: "Quem poderá dar-nos felicidade, se a luz de tua face fugiu de nós?" A luz, no Antigo

Testamento, é um atributo divino. A luz de Deus significa vida e verdade. Ele é a Verdade e a verdadeira Luz. Quem vive na luz recebe a benevolência, o favor de Deus. A luz é símbolo de vida e de salvação, de alegria e de segurança.

Há uma passagem do livro de Números em que Deus pede que Moisés peça para Aarão e seus filhos instruírem o povo para abençoar seus filhos com estas palavras: "O Senhor te abençoe e te guarde. O Senhor faça brilhar sobre ti sua face e se compadeça de ti! O Senhor volte para ti seu rosto e te dê a paz!" (Nm 6,22-26).

Liturgicamente, a Igreja nos presenteia esse texto no dia primeiro de janeiro de cada ano. Acho uma coisa providencial, pois precisamos da bênção de Deus, sobretudo, ao iniciarmos um novo ano. Por quê? – Vejamos. A bênção de Deus é uma graça especial que vem aos humanos como águas torrenciais! Busco sua benção porque contém em si o perdão dos pecados, a longevidade, a geração de filhos e a prosperidade. Quatro coisas que uma bênção pode nos proporcionar. Esses quatro elementos, todos nós almejamos e sonhamos alcançar, sobretudo, em um país em que há milhões de pessoas que vivem na extrema pobreza.

Mas também a bênção invoca a proteção de Deus: "O Senhor te guarde". Ora, precisamos ser guardados de tantas coisas ruins! Deus é nosso verdadeiro guarda. Depositemos nele a confiança. O salmista é uma pessoa confiante: "Javé guarda você de todo o mal, Ele guarda sua vida!" (Sl 121,7). Deus é nossa proteção. Ele nos guarda na ida e na volta, ou seja, das trevas, das "nuvens escuras". Nas travessias de nossos vales tenebrosos, sejamos preservados de todos os perigos e todas as maldades humanas.

A bênção implora: "O Senhor faça brilhar sobre ti sua face e se compadeça de ti! O Senhor volte para ti seu rosto e te dê a paz!" (Nm 6,22-26).

Fazer brilhar a face sobre ti! É Deus energizando-nos com sua plena luz, que nos aquece e nos fortalece. Quando a face de Deus brilha sobre nós, chegamos a um nível muito alto de energia. Aqui seu rosto está voltado para nós, portanto encontramos amor, alegria e paz. O resultado da energia de Deus circulando em nós deve alcançar um alto *hertz*. Quando estamos na luz, alcançamos esse estado de consciência elevado. E nossa fé deve chegar a este *hertz* de frequência. Sempre peço a meus fiéis que aumentem a frequência.

Quem vive no amor nada pode abalá-lo. Pergunta São Paulo: "Que nos poderá separar do amor de Cristo?"

Um nível de consciência de alegria entra em uma frequência considerável.

Ademais, precisamos ser guardados de tantas coisas ruins e tenebrosas nas quais, muitas vezes, somos envolvidos. O jovem estava envolvido por uma sombra que o impedia de sentir a alegria e o bem-estar espiritual. Ele encontrava-se privado da experiência de vida divina, lutando para superar aquele seu estado de energia negativa, levando-o à morte.

Em um texto muito rico em imagens simbólicas, porém, muito sugestivo, o profeta Isaías apresenta um conteúdo bastante esperançoso e animador, quando afirma: "Levante-te, acende as luzes, Jerusalém, porque chegou tua luz, apareceu sobre ti a glória do Senhor. Eis que está a terra envolvida em trevas, e nuvens escuras cobrem os povos; mas sobre ti apareceu o Senhor, e sua glória já se manifesta sobre ti" (Is 60,1-2).

Imaginemos as luzes da cidade de Jerusalém acessas! Sou do tempo em que, em minha cidade, um gerador público fornecia energia elétrica para algumas ruas próximas ao centro, porém não para nossas casas. Às vinte e duas horas alguém desligava a energia. Toda a cidade ficava na escuridão. Apresávamo-nos para chegar a casa antes que a desligasse, sobretudo, quando saíamos para algum evento, festejo, visita etc. Em algumas casas de pessoas abastadas existiam geradores privados ou lampião petromax, candeeiro de iluminação a petróleo. Em nossa casa, usávamos somente as lamparinas e velas. Nós as espalhávamos por alguns lugares estratégicos da casa.

As trevas na Bíblia significam estado de morte em vida, situação que se manifesta como sofrimento, opressão, dor, ou mentira, isto é, qualquer ideologia que impeça o homem de aspirar à plenitude.

A sombra benevolente é sinal da presença de Deus, como ocorreu na libertação do Egito, quando seu anjo – personificação de Deus – caminhava à frente dos filhos de Israel, indo para trás deles, e uma "coluna de nuvem, que estava na frente, colocou-se atrás, inserindo-se entre o acampamento dos egípcios e o acampamento dos filhos de Israel. Para aqueles, a nuvem era tenebrosa, para estes, iluminava a noite" (Ex 14,15-31). Esta sombra era Deus, protegendo os israelitas dos egípcios.

De igual forma, Deus também continua a nos cobrir com sua sombra iluminadora. Assim, a sombra sobre a Virgem Maria era o Espírito de Deus (Lc 1,26-38); a sombra que cobriu os apóstolos quando se encontravam com Jesus no Monte Tabor (Mt 17,5), significando uma prefiguração da Ressurreição de Jesus. No batismo, o Espírito Santo nos garante essa proteção da Santíssima Trindade que habita em nós.

Por outro lado, quando fazemos a experiência da escuridão, sentimos a sensação de medo, de perdição e de insegurança. Não podemos deixar-nos envolver pelas sombras tenebrosas. Estas significam morte, forças do mal. Além do sentido de injustiça, as trevas significam também perversidade e mentira.

Lembrei-me da passagem do profeta Isaias quando escreve: "O povo que andava na escuridão viu uma grande luz; para os que habitavam nas sombras da morte, uma luz resplandeceu" (Is 9,1). O salmo 23 descreve algo semelhante ao profeta: "Ainda que eu andasse pelo vale da sombra da morte, não temerei mal algum, porque Deus está comigo". "Teu cajado me defende" (Sl 23,4). Era o pastor que, ao desfilar com as ovelhas, procurava protegê-las de possíveis acidentes. O vale da sombra da morte era considerado uma região que se localiza no caminho que dava acesso a Jericó. Era um local muito escuro que a luz do sol não adentrava, de tanta ser sua profundeza.

O juiz Gedeão foi chamado por Deus para libertar Israel de seus inimigos. Narra que os madianitas perseguiam o povo; devastavam suas plantações, tomando todos os frutos de seu trabalho; saqueavam as riquezas; não deixavam provisões, ovelhas, bois, jumentos. "Subiam com todos os seus rebanhos e suas tendas, semelhantes a uma nuvem de gafanhotos, e essa multidão inumerável de homens e camelos subia e devastava a terra. Os israelitas ficaram desse modo extenuados pelos madianitas e clamaram ao Senhor" (Jz 6,4-6).

Deus escutou o clamor do povo e deu ordens a Gedeão para pôr-se em luta contra os inimigos. O anjo do Senhor apareceu a Gedeão e disse-lhe: "O Senhor está contigo, valente guerreiro" (Jz 6,12). Com esta consciência, ele passa a executar a missão de libertar o povo do jugo dos madianitas. Confiante em Deus, dos trinta mil homens que se apresentaram para o combate, venceu somente com trezentos homens. Com efeito, quando Deus está em nosso meio, nada impede a vitória. Ele é a força dos fracos. Quantas vezes Gedeão não se queixou de fragilidade! Mas Deus escolheu-o e destinou-o para destruir o opressor de seu povo escolhido.

Há outro salmo em que o salmista afirma: "Quem poderá dar-nos felicidade, se a luz de tua face fugiu de nós" (Sl 4,7). Jesus Cristo disse: "Eu sou a Luz do mundo. Quem me segue não andará nas trevas, mas possuirá a luz da vida" (Jo 8,12).

Jesus Cristo, a Luz verdadeira, proporciona-nos alegria, segurança e confiança.

Aquele jovem não foi forte suficientemente para superar a dependência química. Mais ainda não foi forte o suficiente para superar a perda de sua irmã querida, pois após sua morte andava muito tristonho e passou a se degenerar no álcool. Eu tentei dissuadi-lo da dependência, oferecendo-lhe um acompanhamento psicológico ou mesmo terapêutico em uma comunidade para dependentes químicos, mas nunca aceitou, pois pensava superar a dependência por si mesmo.

Texto Reflexivo

Grito de Jó

"Eu grito: 'Violência!' E ninguém me responde. Peço socorro, e não me fazem justiça. Deus cercou meu caminho, e não tenho saída; ele encheu de trevas minha estrada. Despojou-me da minha honra, e me tirou a coroa da cabeça. Ele destruiu tudo a meu redor, e tenho de ir embora; arrancou a árvore de minha esperança. Sua ira se inflama contra mim, e ele me trata como a seu inimigo. Seus esquadrões chegam em massa, abrem caminho até mim, e fazem um cerco ao redor de minha tenda.

Meus irmãos me abandonaram, e meus parentes me tratam como estranho. Os vizinhos e conhecidos desapareceram, e os meus familiares me esqueceram. Minhas empregadas me tratam como estranhos, como se eu fosse um desconhecido. Chamo meu empregado, e ele não me responde, mesmo que eu lhe implore. Minha mulher tem nojo de meu hálito, e os meus irmãos têm nojo de meu cheiro. Até as crianças me desprezam e, quando tento me levantar, elas me cobrem de insultos. As pessoas mais íntimas têm horror de mim, e contra mim se levantam os amigos mais próximos. Minha carne apodrece por baixo da pele, e os meus ossos se desnudam como dentes" (Jó 19, 7-20).

Terapia existencial

1. Alguma vez você deixou-se envolver pelas trevas do pensamento e ideias negativas?

2. Diante de momentos desesperadores, angustiantes, como você procura superá-los?

3. Em uma noite de solidão, sofrimento, amargura e tristeza, para quem você recorre?

4. A depressão já é doença do século XXI. Quando você é tomado pela depressão, pelo desânimo de viver, onde busca o ponto de superação e cura?

5. Quais são os espinhos que você traz em sua carne, seja do passado e/ou do presente?

6. São Paulo é modelo de quem soube se superar diante dos sofrimentos existenciais e materiais. De que forma você encontraria, neste Apóstolo, forças para retomar a caminhada existencial?

7. A exemplo de Jó, você já passou por momentos em que todos lhe abandonaram?

Leitura Orante da Palavra: Jó 19, 7-20.

Escutar: O que a Palavra diz em si?
Meditar: O que a Palavra diz para mim, hoje?
Orar: O que a Palavra me faz dizer?
Contemplar: A Palavra me leva ao coração de Deus!
Agir transformador: A Palavra leva-me aos outros.

9

Murmuração: insatisfação interior

Durante minha vida sacerdotal, tenho me deparado com pessoas idosas carregadas tanto de ressentimento quanto de felicidade. Aquelas que trazem as marcas negativas do passado, tornam-se idosos (as) dispépticos (as), vivendo em uma permanente murmuração. Ao longo de sua vida, assimilaram uma carga de vivências negativas, cujas imagens revivem, diariamente, em suas memórias. Empanturradas de tais coisas, não dão conta de saber superá-las, muito menos de agradecer tudo de bom e belo que ocorreu em seu passado. Olhar o passado e, como na mesa do sacrifício, oferecer a Deus toda a vida, com seus instantes bons e ruins; poderiam, sem dúvida, curar seus sofrimentos interiores, como tenho encontrado em tantos outros idosos e outras idosas, cujas memórias sobressaem boas recordações e, por essa razão, não sentem insatisfações nem infelicidades, pois são pessoas felizes e realizadas neste mundo, mesmo trazendo marcas negativas do passado.

Como viver o presente de forma saudável?

Talvez a melhor forma seja deixando o passado das marcas negativas, da negatividade do amor a si, deixar-se mover a partir daquelas imagens positivas e prazerosas que ficaram para trás; construir um círculo de amigos (as) na sociedade e na comunidade de fé; enfim, sentir-se "livre para estar junto com Deus na liberdade dos filhos de Deus! É nisso que está a serenidade" (Padre Pierre Talec, 1998, p. 132). Talvez um outro caminho seria quebrar-lhes o orgulho, no sentido de pôr fim àquela soberba de se considerar melhor do que as outras pessoas.

São Judas, em sua carta, no fim do século I, alerta os cristãos para viverem sem murmuração, pois aqueles que murmuram "renegam a própria sorte e agem de acordo com suas próprias paixões; sua boca profere palavras orgulhosas e bajulam as pessoas por motivos interesseiros" (Jd 1,16). Fujamos de tais atitudes e comportamentos. Precisamos nos amadurecer no processo de envelhecimento. Diz o Apóstolo Paulo: "Quando eu era criança, falava como criança, pensava como criança, raciocinava como criança. Depois que me tornei adulto, deixei o que era próprio de criança" (1Cor 13,11).

Esse ser adulto implica em deixarmos para trás tudo que na infância não nos permetia compreender as complexidades dos momentos existenciais da vida. Tudo na infância é limitado dado também as limitações no modo de raciocinar e expressar-se, pois a estrutura das faculdades cognitivas ainda não lhe alcançou total desenvolvimento. A vida adulta se supõe amadurecimento e crescimento para compreender a vida. E aqui se encontram três virtudes importantes para um envelhecimento saudável: a gratuidade, sabedoria e felicidade.

Drama existencial

Encontrava-me, certa vez, na sala de embarque do Aeroporto de Recife, de onde, em um enorme *outdoor,* lia-se: "estamos ampliando o Aeroporto dos Guararapes, que será o maior do Nordeste". Achei aquilo incrível e pus-me a pensar: - como Deus concedeu aos homens dons com os quais devem contribuir para o desenvolvimento da humanidade; como também podem impor seus interesses e ideais como orgulho, vaidade e pretensão de glória!

Na sala de espera, em frente à pista de pouso, observei também ondulados morros; o verde da natureza dava-me certa paz interior. Contemplado essa monumental paisagem, retirei da bolsa de mão o livro do padre francês Pierre Talec que trata brilhantemente o tema *Serenidade, tesouro cultivado dia a dia*. Prazerosamente, lia um dos capítulos do livro, quando, a meu lado direito, sentou-se uma senhora de idade avançada, vestindo um conjunto vermelho e portando uma bolsa vermelha. Uma daquelas tagarela que não para um só instante de falar. Compensação, talvez, de uma infância acabrunhada e tímida, de alguém que fora frustrada em sua libido oral, diria Freud. Ela aproximou-se de minha poltrona e sentou-se.

– Onde está localizado o portão de n. 5? – Perguntou-me.

– Olhe aí, em nossa frente! – respondi-lhe.

– Ah! Sim, só vi o de n. 4 – para onde senhor vai? – continuou a simpática vovó.

– Para Teresina – respondi-lhe.

– Ah! Eu também vou para lá...

Para não me manter indiferente, optei por fechar e guardar o livro na bolsa para ouvir aquela senhora, que terminou abrindo o livro de sua própria vida. Bastou dar-lhe toda a atenção. Na verdade, no mundo em que vivemos, as pessoas precisam ser ouvidas; elas, sobretudo as pessoas idosas, necessitam de alguém que as escutem atentamente. É a experiência de vida que querem colocar para fora. Precisamos, realmente, ter paciência e tempo para escutar as colocações e narrativas de vida dos idosos. Nossa geração os têm como estorvo, alguma coisa que já não tem mais utilidade e, por essa razão, são considerados descartáveis. E, por conseguinte, vivem muitas vezes em plena solidão, sobretudo, quando colocados nos abrigos. Aliás, digamos de passagem, esses abrigos, caso não se utilizem de uma pedagogia criativa, podem tornar-se lugares enfadonhos, tediosos, mal zelados, apressando o fim de muitos deles.

Estávamos nós dois ali, sentados, olhando para a pista de pouso. Aquela senhora tinha sempre alguma coisa para contar a respeito de sua vida. Porém sempre acentuava o aspecto negativo. Contou que já havia ido a Israel, terra de Jesus Cristo, cujas maravilhas deixaram-na impressionada! Depois, esteve no Egito, onde visitou algumas Pirâmides e montara em um camelo, no deserto egípcio. Destarte, descrevia suas experiências e aventuras! Falou também que havia visitado Portugal, onde, em certa noite, antes de regressar à terra natal, visitara, juntamente com o padre responsável pela delegação, um lugar onde comeram um delicioso prato regional e dançaram bastante. Comentou sobre sua filha que se encontrava nos Estados Unidos das Américas. De repente, convidou-me para tomar um café. Aceitei.

No balcão do restaurante Palheta.

– Quero alguma comida para matar a fome – disse ela para a garçonete.

Pediu um copo grande com leite, o que a garçonete disse-lhe que somente era atendido em pequena xícara. Resmungou, achando ser uma injustiça. Mas a moça disse-lhe que ali dentro havia um padrão de atendimento. Ignorou. Contudo pediu a primeira xícara com leite e, em seguida, mais duas. Eu pedi um café com leite e um chocolate branco. No ato do pagamento, perguntei o valor das despesas. Ela, porém, antecipou-se dizendo que eu não tinha dinheiro, e que iria pagar a conta. Agradeci-lhe!

Retornamos aos lugares. Voltamos a conversar. Ela retomou a anamnesia de antes, aos mesmos assuntos. Os jovens não gostam de escutar os idosos, talvez, seja por causa da repetição, pois estão sempre contando as mesmas histórias – uma, duas, três...vezes. Daí a dificuldade que têm em parar para escutá-los mais de uma vez. Não compreendem que, à medida que envelhecemos, vem à memória afetiva o passado mais distante. Poucos assimilamos as novidades da vida presente, sobretudo, quando não mais atuamos em espaços que nos dão referenciais e informações da vida social.

– Olhe – disse-lhe –, conforme a senhora descreveu sobre sua vida, vejo que está na hora de agradecer a Deus tudo de bom que já experimentou, sobretudo, as oportunidades que a senhora já teve de viajar para lugares fantásticos e conhecer ambientes e pessoas maravilhosas! Veja, muitas famílias não têm nem terão tais chances. Viva o momento atual da gratuidade! Procure mais agradecer a Deus e, assim, a senhora terá uma existência mais longa, e tudo se tornará mais belo em sua vida.

O que ela concordou, meneando positivamente a cabeça. Porém descobri que alguma coisa faltava àquela mulher. Por isso mudei de tática a conversa.

– A senhora é viúva? – perguntei-lhe.

– Não - sorrindo – respondeu.

– Ah! Separada – provoquei-a.

– Sim – confirmou.

Pensei comigo mesmo – logo vi que alguma coisa faltava a esta senhora – alguém para compartilhar suas experiências existênciais, para ouvi-la e dar-lhe aquilo que toda mulher precisa: amor, ternura, cuidado, afeto, sexo, atenção e ser elogiada por alguém. Como envelhecer sem perder o sabor da gratuidade, sem perder o encantamento de viver neste mundo, não obstante as dificuldades e os limites?

Aquela senhora, ao voltar sempre às coisas negativas, desabafava uma tremenda solidão que tomava conta de si, por mais que já tivesse vivenciado os melhores momentos de sua vida.

O avião decolou. Estamos quebrando a gravidade do ar, sobrevoando a cidade do frevo! Tudo olhado de cima é maravilhoso, fantástico! A visão panorâmica é linda! Olhar as coisas do alto dá certa sensação de poder, de domínio. O homem sente-se dominador e cheio de autossuficiência quando olha seu semelhante de cima. Daí comecei a pensar o quanto o homem, criatura de Deus, tem a força de transformar, de criar, a partir dos meios que estão a seu alcance!

O capitão comunicou-nos que estávamos a 9 mil e 500 metros de altitude, e a velocidade chegava a 800km/h. Que belo voar! Estávamos sobre as nuvens. Rápido passamos sobre Campina Grande e Mossoró. Éramos os senhores dos que estavam lá embaixo! Os comissários de bordo serviram um lanche. Todos estavam sérios. O mundo dos adultos é um mundo sério, um mundo dos negócios. Perde-se a noção da interação social. Vive-se o anonimato. Estamos todos juntos, porém, como uma massa, amorfos, sozinhos e entendiados, como aquela senhora idosa. Desconhecemos a pessoa que se encontra a nosso lado. Esse *outro* pode ser um assaltante, um ladrão, um estuprador, um padre, um político, um empresário, um pobre. Ninguém se envolve. É terrível viver em um mundo assim. Mas não podemos fugir de tal realidade.

A senhora murmuradora necessitava de uma companhia que lhe desse atenção, afeto, amor, carrinho, enfim, tudo que duas pessoas amantes possam entre si vivenciar. Dessa forma, ela, quem sabe, poderia deixar de murmurar.

Cuidar da higiene mental

Para contrapor a idosa, ressentida, amarga, pesada, apresento a vida de outra senhora idosa que, mesmo diante de sua situação limitada – cega, paralítica e vivendo sozinha –, revela ser uma pessoa feliz e realizada consigo mesma. Seu modo de acolher a vida, com todos os seus percalços pretéritos, dá testemunho de que permanece "em contínua ascensão na direção do que será a luminosidade plena", ou seja, de que está "voltada para a eternidade, em perpétua progressão na direção da Ressurreição" (Padre Pierre Talec, 1998, p. 128).

Sentava-se ela, por vezes, embaixo do cajueiro, uma frondosa árvore que oferecia deliciosos cajus para toda a vizinhança; outras vezes, deitava-se em uma rede, em seu minúsculo quarto, onde mal cabiam, além da rede, uma antiga penteadeira, o urinol e a cadeira de madeira. Nesses dois lugares, os visitantes encontravam aquela solitária senhora parda, alta, magra e cega. O sorriso meigo, a fala mansa, o olhar terno e contemplativo, docilidade nos gestos acolhedores imprimiam-lhe as verdadeiras qualidades e virtudes de uma humilde mulher.

Esta grande mulher a quem me refiro é a mãe Josefa, conhecida comumente por mãe Zefinha, em Vitorino Freire, onde fui radicado. Não posso morrer sem que lhe faça uma homenagem expressa no papel! Seu exemplo é diametralmente diferente da senhora do aeroporto, cuja história narrei anteriormente.

Ah, quantas vezes, quando criança, não corri para casa da mãe Zefa! Sentia-me feliz a seu lado. De sua boca, escutava palavras que embalavam meu coração! Aquela senhora humilde e meiga banhava meu ser de incalculável ternura e solicitude. Nunca ouvi palavras vãs de sua boca. Nunca manifestou nenhum descontentamento ou ressentimento. Para ela, tudo estava bem. Vivia da gratuidade. Guardava em seu ser um sentido de gratidão, apesar de sua limitação física.

Ao me lembrar da vó Josefa, vem a minha imaginação a figura daquela profetisa Ana, filha de Fanuel, da tribo de Aser, a qual, após ficar viúva, viveu "até os oitenta e quatro anos servindo a Deus, no Templo, dia e noite, com jejuns e orações". Descreve o evangelista Lucas que "Ela chegou neste instante, louvava a Deus, e falava do menino a todos que esperavam a libertação de Jerusalém" (Lc 2,36-38). Assim comparo dona Zefinha com a profetisa Ana.

Sempre que retornava a Vitorino Freire, visitava-a. Mesmo depois de ordenado sacerdote, retornei a visitá-la. Em uma dessas visitas, contou-me que rezara sempre por mim, desde minha adolescência. Revelou também que eu sempre tivera um coração bom, que todos os dias ia a sua casa e perguntava-lhe se estava faltando alguma coisa.

– Mãe Zefa – perguntava-lhe –, falta alguma coisa?

– Sim, meu filho, tomate e cebola etc.

Confessou que eu saía em toda disparada para casa e contava para minha mãe. Minutos depois, retornava com as coisas para ela. Ao ouvir tais palavras, meu coração disparou de compaixão por ela, e comecei a chorar escondido. Ela estava cega. Mas era feliz. Tinha um coração meigo e bondoso!

Avaliando a vida da mãe Zefinha, percebo que ela vivia da e pela fé. Como fiava sua vida à de Deus! A oração era seu porto seguro. Certa vez, confidenciou-me que, todas as noites, rezava o Terço, mas sofria porque não concluía os mistérios, pois agarrava no sono. Porém, havia algo de impressionante. Durante a reza do Terço, agarrava no sono, contudo, tão logo acordasse, dava continuidade ao mistério em que havia adormecido. Era uma mulher de plena comunhão com Deus. Vejo-a como uma santa. Nas pequenas coisas do cotidiano colocava Deus em sua vida. Vivia sob a vontade de Deus.

A cegueira não a deixava triste nem revoltada. Pelo contrário, não resmungava de nada. Em tudo via algo enviado por Deus. Tudo era graça. Deus conduzia-a. Arrependo-me por não a ter visitado mais vezes e compartilhado mais sobre sua vida: origem, percalços, alegrias, tristezas!

A mãe Zefinha era feliz porque sentia uma permanente alegria na alma. Isso mesmo. Afirma Santo Agostinho que a felicidade nada mais é do que "a alegria na alma". A alma, em estado de alegria, significa que ela encontrou Deus. O Santo argumenta também que, mesmo em estado de tristeza, sua alma sentia-se alegre. Portanto a felicidade é um estado de alegria no qual se encontra a alma: a vida em um universo de contentamento com e em Deus.

Como se preparar para o envelhecimento? Que novas categorias devemos trabalhar no processo de amadurecimento da existência?

É um tema que precisamos aprofundar um pouco mais porque as pessoas precisam aprender a lidar com a realidade do envelhecimento. Dessa forma, saberão construir novas pontes de relações, bem como melhor aceitarem sua forma de vida, mesmo quando se encontrarem sozinhas. Estou convicto de que as pessoas ficam mais frágeis na terceira idade. Uma série de questões se colocam frente a seu destino. Estas são questões bio-socio-econômico-cultural.

O tempo não perdoa; ele é fugaz; ele nos pega por todos os lados. O importante é encará-lo. O fato de se fazer alguma coisa para prolongar a vida nada mais é do que o medo de assumir a realidade em que a própria natureza nos impõe. Aquela senhora do aeroporto vivia uma vida que, em uma perspectiva social e econômica, era belíssima, pois tinha de tudo que queria desfrutar por onde quisesse. Mas sempre ficava faltando-lhe alguma coisa. Faltava-lhe sempre "uma parte", como canta Djavan em uma de suas músicas.

Quando iremos nos saciar de tal parte? Onde e como encontrá-la?

O mercado tenta preencher essa parte com mil e uma ofertas, mas me parece que não resolve a questão. Ele tenta vender produtos para driblar o medo da morte. Hoje, fala-se muito de plásticas. Muitas pessoas correm às clínicas, gastando uma fortuna para se rejuvenescer. Porém a questão é existencial! É a falta de conteúdos que as façam afirmar a vida e as conscientizar do valor de se envelhecer com dignidade. Enquanto não encararmos nossa existência como tal, ficaremos sempre procurando subterfúgios, tornando-nos eternas pessoas frustradas, chatas, rabugentas, desconfiadas, carrancudas, infelizes, corcundas, vazias de conteúdos que nos jogam para frente.

Na terceira idade, devemos nos identificar com o que somos – pessoas amadurecidas, existencialmente. Aqui reside a pedra filosofal. Descobrir tal pedra é encontrar a trilha para recolocar a vida nos trilhos da história. Fazer plástica, esteticamente, pode deixar a pessoa bonita e, aparentemente, rejuvenescida, porém não pode driblar o tempo. Momentaneamente, sentirá a sensação de felicidade, mas é coisa efêmera.

A ansiedade para driblar o tempo existencial é bem humana. Essa é uma parte que permanece insaciável em nós, pois faz parte de nossa condição humana. E nós mesmos somos culpados de antecipar tanto nosso envelhecimento quanto nossa morte. Por isso, recentemente, fiz um propósito comigo mesmo – dar um basta às grandes preocupações, ao corre-corre em busca de solucionar os obstáculos externos a mim, ao pensar que serei o salvador do mundo e que somente eu posso resolver isto e aquilo e ainda cuidar das outros vinte e quatro horas. Isso não significa irresponsabilidade frente o que temos de fazer. Mas fazer, dentro das disposições do tempo, o que posso fazer com gratuidade, paciência e elegância. Estou convicto de que devemos levar a vida mais com humor.

Refletindo sobre a vida da mãe Zefinha, comparo-a com a de algumas pessoas que tenho visitado. Outro dia, uma senhora revoltada com Deus queria que lhe falasse as razões de seu sofrimento existencial. Lastimava-se culpando-se de muitas mazelas de sua vida. Com um olhar compassivo, afirmei-lhe que, primeiramente, ela devia se amar, pois quem ama a si aprende a perdoar-se diante de seus pecados. Quem ama vive na disposição para amar e agradecer a Deus os imensos benefícios que já lhe concedeu.

As pessoas que não vivenciam alguma espiritualidade, geralmente, tendem – nos instantes de sofrimentos, catástrofes, doenças, intempéries da vida – a se revoltar e a buscar um bode expiatório. Daí passam a duvidar da existência de Deus, negação da existência, exigindo uma resposta verdadeira, quase tangível, a ponto de tornarem-se violentas com as pessoas religiosas.

Ou seja, elas são limitadas em reconhecer que o sofrimento faz parte da dimensão humana. Não entendem e transferem seus sofrimentos a outrem. A fé é uma questão de adesão e entrega ao mistério que celebramos: Paixão, Morte e Ressurreição de Jesus Cristo. Por meio de nossas subjetividades e raciocínios lógicos não conseguimos compreender e interpretar o mistério que envolve nossa vida e a fé.

São Francisco de Assis tinha plena consciência de que estava seguindo o Senhor Jesus Cristo. Viveu verdadeiramente a entrega ao Sumo Bem, ao Todo Bem, ao Bem Pleno, e procurava nada antepor à pessoa de Cristo. Como afirma o monge italiano São Bento (480-547), em sua Regra de vida: *Christo nihil praepondene* – "Nada antepor a Cristo". Implica dizer que Cristo foi o Tudo na vida do Pobre de Assis. O Cristo deve ser o *antes* a qualquer pessoa, riqueza, prestígio, status, poder. Nesta mesma perspectiva, Santa Teresinha dizia: "Viver de Amor é viver de tua vida, delícia dos eleitos e glorioso Rei. E tu me bastas, ó meu bem supremo!"

Pelas ruas, praças e igrejas de Assis, Francisco gritava aos citadinos: "O Amor não é amado". Aqui se encontra a mística mais genuína do franciscanismo. O Amor é uma Pessoa, Jesus Cristo. "Nada antepor a esse Amor". Ele em primeiro plano é projeto de vida. E esse Amor se concretiza no Outro, o Leproso, que o beijou no processo de sua conversão.

Francisco, quando estava embriagado de Deus, cantava e dançava. Seu Deus dança na leveza da existência. Mesmo diante das dores que trazia em seu corpo, não obstante, permanecia alegre. A alegria de Francisco é a mesma alegria de uma criança quando se entrega totalmente aos braços da mãe. Assim também somos quando nos entregamos aos braços de Deus.

Viver a alegria existencial significa vivenciar os instantes de gratuidade, de intensidade do mistério em que se está envolvido de corpo e alma. Significa sair da lógica da produção, do tempo cronológico. Isso não significa não querer encarar a realidade na qual se está inserido nem fuga do mundo. Mas uma forma de deixar-se envolver pelo Tudo que nos basta, como canta nosso confrade Frei Alfredo, parafraseando São Paulo: "Dá-me teu amor e tua graça, e isto me basta meu Senhor".

Texto Reflexivo

Murmuração do Povo de Deus

"O livro dos Números narra um momento muito delicado da caminhada do povo de Deus no deserto; do povo que saiu da escravidão no Egito rumo à Terra Prometida, mas, no meio da caminhada, o povo sente o cansaço, a dor e, por causa disso, começa a reclamar, murmurar; começa a maldizer e atacar Moisés e Deus.

É assim que acontece no processo de libertação humana; o processo de restauração, de renovação, o processo de caminhar na vida é assim. Não vamos caminhar pelo deserto todo, esperando sombra e água fresca, pelo contrário, é uma luta. Teremos provações, inimigos no meio da caminhada. Mas é importante mantermos a serenidade da alma, a fé e a confiança em Deus. Não nos esquecermos de que Deus está sempre nos libertando, conduzindo-nos pela mão, mesmo em meio às duras provações.

Um dos grandes males de nossa vida é esse nosso jeito de reclamar por tudo, e quanto mais reclamamos, mais azeda e amarga torna-se nossa vida. De tanto aquele povo reclamar e murmurar, vieram serpentes venenosas que mordiam, picavam e muita gente morreu em Israel.

O veneno vem da murmuração, vem da reclamação e vai nos enfraquecendo, vai tirando a vida de Deus em nós. Precisamos nos prevenir e não deixar que esse veneno cresça em nós, que essa erva daninha, que é maligna, esteja conduzindo nossos pensamentos e sentimentos.

Não tenhamos saudade das cebolas do Egito (cf. Nm 11,5). Por mais dura que esteja nossa vida, Deus está conosco; é preferível comer o pão amargo, o pão que estamos comendo, enfrentar as durezas e, muitas vezes, o deserto da vida, do que nos afastar do Senhor para seguir as ilusões que parecem ser melhores" (Homilia do Pe. Roger Araújo, 20 de março de 2018).

Terapia existencial

1. Para vivermos no mundo, necessitamos, incondicionalmente, do amor, do afeto de alguém?
2. É certo exigirmos das pessoas amor?
3. O que teríamos de fazer, no mínimo, não seria aprender a amar?
4. Devemos somente amar e não esperar ser amados?

5. Podemos viver no mundo sem ser amados?
6. Você é uma pessoa que murmura bastante? Por quê?
7. Por que você não olha as coisas positivas em sua vida?
8. Você já murmurou contra Deus? Contra a Igreja?

Leitura Orante da Palavra: Êx 15,22-27; 16,1-16; Nm 21,4-9

Escutar: O que a Palavra diz em si?
Meditar: O que a Palavra diz para mim, hoje?
Orar: O que a Palavra me faz dizer?
Contemplar: A Palavra me leva ao coração de Deus!
Agir transformador: A Palavra leva-me aos outros.

10

Superar a barbárie para a sobrevivência da humanidade

O filósofo e sociólogo alemão Theodor Ludwig Wiesengrung-Adorno (1903-1969) foi um dos fundadores da Escola de Frankfurt, juntamente com Max Horkheimer, Walter Benjamin, Herbert Marcuse e Jürgen Habermas. Em uma entrevista a Becker (1968), Adorno discute a questão: "A educação contra a barbárie". Esse texto deveria ser lido por todos os professores, pois Auschwitz continua presente em nosso cotidiano. Fazem parte da história da humanidade as consequências das atitudes ideológicas do ditador alemão Adolf Hitler.

Idealizando o tipo supremo de "raça", a ariana, Hitler exterminou mais de cinco milhões de indivíduos, ao custo de cruentas perversidades. O lugar polonês, antes conhecido como "floresta de pétulas" (*Birkenau*), tornou-se lugar da barbárie. Em nossa reflexão, Auschwitz é todo e qualquer lugar em que a barbárie se instala. Simbolicamente, é o *locus* da violência, da maldade e da crueldade. No Brasil, dado sua dimensão continental, encontramos Auschwitz: diversos espaços geográficos das médias e grandes cidades acontecem mortes e execuções de crianças, adolescentes, jovens, idosos, indígenas, quilombolas e mulheres. São os espaços de extermínios.

Diz Adorno: "Ou a humanidade renuncia à violência da lei de talião, ou a pretendida práxis política radical renova o terror do passado". Parece-me que há o retorno do terror do passado. O bárbaro ainda não foi o suficientemente civilizado, como pretendia a ideologia civilizatória calcada em princípios humanísticos. O bárbaro que cada um traz consigo está em contínua erupção. Talvez seja um arquétipo das origens que carregamos em nosso inconsciente.

Para Adorno, existem "momentos sociais que, independentemente da alma individual dos homens singulares, geram algo como a barbárie". Com efeito, há alguns momentos sociais em que se geram a barbárie: shows, Copa Mundial, baladas, futebol, carnaval, parada gay, eventos religiosos, anos eleitorais. Nesses acontecimentos, percebemos o quanto aflora os sentimentos de ódio contra os diferentes, levando a manifestações de perseguição, violência e crueldade. Ou seja, momentos em que se poderia levar as culturas e os indivíduos a uma grande confraternização e reconhecimento dos valores dos diferentes. Portanto faz-se necessário políticas públicas nas escolas que assegurem a formação de indivíduos que saibam conviver na sociedade com os mais diferentes indivíduos, pois "a tentativa de superar a barbárie é decisiva para a sobrevivência da humanidade" (Theodor Ludwig Wiesengrung-Adorno).

Drama existencial

Recentemente, em Teresina, uma jovem foi assassinada de forma cruel, brutal, sendo cortada ao meio, tendo suas genitálias amputadas e colocadas em sua boca. No Rio de Janeiro, um jovem negro foi amarrado nu a um poste e espancado por pessoas. Em São Paulo, um jornalista assassinou o porteiro de um condomínio, esquartejando-o em pequenos pedaços. Líderes e integrantes de facções criminosas maranhenses, presos no Complexo Penitenciário de Pedrinhas, em São Luís, MA, manifestavam o lado bárbaro do ser humano, executando sessenta e dois presos por golpes de facas, barras de ferro e decapitação. Em Porto Alegre, no estacionamento do supermercado do grupo Carrefur, um homem negro, de 40 anos, foi perseguido e espancado por seguranças até a morte. Nos Estados Unidos, na cidade de Minneapolis, o caso emblemático foi o do assassinato do homem negro George Floyd, de 46 anos, pelo policial branco Derek Chauvin, que pressionou seu joelho no pescoço de Floyd, que, sem conseguir respirar, implorava socorro.

Todo esse cenário de barbárie revela que estamos retornando ao pensamento pré-socrático grego, isto é, ao pensamento trágico: ausência de ressentimento, de culpa e de má consciência, ou seja, ausência das contradições de uma vontade que se sente culpada e responsável pelos atos praticados contra o outro.

Na tragédia grega, os indivíduos, em instantes de êxtases, eram tomados por um estado de perturbação mental determinada por algum terror, algum assombro, que os levava para fora de si. E quando se sentiam mentalmente perturbados, as causas eram atribuídas aos deuses, e ficavam aterrorizados diante dos acasos existenciais.

Nessas ocasiões, as culpas diante dos crimes, dos delitos, da violação dos interditos e tabus, em última instância, eram atribuídas não aos indivíduos, mas aos deuses que os deixavam de mentes perturbadas ao ponto de praticarem tais crimes.

A vantagem era que os indivíduos se esqueciam de seus atos, projetando assim a culpa aos deuses. Não existia nem culpa nem má consciência. Eles faziam o que tinham de fazer, bem ou mal. Esse era o destino.

Os renomados trágicos gregos Ésquilo (525-456 a.C.), Sófocles (496?-406 a.C.) e Eurípedes (484-406 a.C.) apresentam essa realidade por meio de suas peças teatrais, com muita acuidade. Não passam despercebidos os vários tipos de atrocidades, fratricídios, matricídios, infanticídios. Os indivíduos cometem tais delitos de forma muito calculada e fria, porém em nenhum momento sentem-se culpados ou com má consciência. Fazem o que deve ser feito. Eles culpam os deuses por seus instantes de perturbações, loucuras, demências. Não há ressentimento, senão contínuo esquecimento.

Na peça de *Eurípedes As Bacantes* (406 a.C.), Cadmo diz a sua filha Agave: "Ainda a mesma perturbação te ensombra a alma". O estado de loucura em que se encontrava Agave levou-a a dilacerar o próprio filho, Penteu, rei de Tebas, que não o reconhecera no delírio orgiástico. Esse fim trágico de Penteu foi devido a seu ultraje a Dioniso, não permitindo o festejo de seu culto na cidade. Por conseguinte, foi severamente castigado. No culto a Dioniso, "O coro das bacantes exalta o terrível poder do deus e convida os tebanos a celebrarem as orgias de Dioniso, o deus da alegria".

A mãe, entretanto, ao reconhecer que matara o filho em seu furor místico diz: "Dioniso nos perdeu; agora o vejo!" Ela culpa o deus pela perdição. Sua demência foi o meio pelo qual o deus utilizou-se para levá-la ao infortúnio terrível, pois Penteu resistiu venerar o deus. Agave reconhece que sua demência terá como desfecho seu exílio em terras estrangeiras.

A modernidade presenteou o homem com tal consciência, cujas consequências assistimos diariamente: os praticantes de barbáries argumentam não ter ressentimento, má consciência ou culpa pelos atos violentamente praticados. Afirmam não se arrepender de seus atos. Vivem, portanto, no eterno esquecimento e inocência de suas ações sociais. Talvez vivamos em um mundo em que se revivem as tragédias gregas. Os indivíduos são tomados por demências tais, que culpam não a si mesmos, senão a algum ente que lhe inferniza a vida: a droga, a religião fanática, a ideia de ódio dos diferentes, os psicotrópicos, os esquizofrênicos, os psicopatas, as torcidas organizadas, os grupos neonazistas, as ideologias conservadoras.

Disse-me uma jovem, em uma conversa: "É muito difícil lidar com nossos 'demônios' e ainda ter de saber dividir a própria vida com as cobranças do mundo". Esta é a real situação de quem vive no mundo. Saber lidar com os "demônios" significa estar consciente de sua existência e de suas implicações. As cobranças também são colocadas dentro das obrigações que temos a executar enquanto somos membros de diferentes instituições.

Não negamos tais obrigações e exigências que nos são cobradas pelas instituições, pois, uma vez no mundo, o ser humano está sujeito aos dissabores da realidade. O que devemos fazer é lutar para superarmos tais adversidades, sem perder Aquele que nos basta, Deus. Com efeito, os demônios existem e são provocadores, porém mais desafiador é permanecer no Amor, sem nos deixarmos prender nem perturbar por eles.

Cuidar da higiene mental

Há dias em que somos tomados por inspirações tais, que despertam em nós admiração, atenção e curiosidade. Aconteceu que, estando em uma clínica neurológica, vi uma imagem que por si expressava pureza, entrega e inocência. Era uma linda criança!

Uma grande amiga minha amanhecera com fortes dores de cabeça e, não tendo a quem recorrer, ligou-me perguntando se eu não poderia levá-la à clínica. Não resisti, fui afetado pelo estado de dor da amiga. A sensibilidade fez-me deixar a zona de conforto e ir ao encontro dela. O mundo moderno leva-nos ao isolamento. Quantas vezes nos detemos unicamente em nossos problemas, esquecendo-nos de que muitas outras pessoas vivem talvez em piores situações do que você ou eu. Temos de aprender a ser mais altruístas uns com os outros.

Jesus Cristo dava a atenção às pessoas, sobretudo, àquelas que mais precisavam de sua atenção. Ele desconhecia zona de conforto. Quantas vezes não atravessara o mar da Galileia para ir ao encontro de massas indigentes, pecadores, doentes, pobres, viúvas!

Voltemos nossa história.

Chegamos à clínica. Diante de uma expressiva multidão de pessoas que buscavam o mesmo fim – a cura de suas doenças – aproximamo-nos do guichê, aguardando a vez, cuja senha, de numeração sessenta e nove, demoraria a surgir no painel, pois indicava a quadragésima quarta senha.

Frente a tal realidade, nada podíamos fazer senão nos entreolharmos com gestos de inconformidade. Contudo, para quem se encontra em estado de enfermidade, o tempo cronológico não se observa, senão o tempo de esperança implícito na expectativa de que o médico atenda o mais rápido possível o próximo paciente.

O inusitado estava por vir. Ao lado de minha amiga se posicionou um senhor negro, baixo, meio forte, cujo braço esquerdo trazia uma atadura. Sobre o outro braço segurava uma menina de aproximadamente dois anos. Criança branca, trajando blusa e saia coloridas. Estava sonolenta.

De repente, ela toma a senha da mão de minha amiga, sinalizando levá-la à boca. Alertei-a: "cuidado". O pai apressou-se em tirá-la de sua mão e devolvê-la à jovem.

A criança abriu os braços em sua direção, como quem pedisse o colo. Ela a recusou. A criança fez uma segunda tentativa. Chamei-lhe a atenção: "Segura a criança". Ela não me deu ouvido. À terceira oportunidade, reagiu da mesma forma. E retornei a chamar-lhe a atenção: "Segura a criança". Enfim, atendendo à insistência da pequena e a meus pedidos, acolheu-a em seus braços.

Aqui se estabelece uma cena magnífica e surreal. A menina abrindo os bracinhos grudou-se diretamente a seu ombro esquerdo. Algo divino! Repousara a cabeça ao lado do coração! Paz infinita! E nessa posição, sentindo-se confortada e segura, adormeceu! Agora se sentia calma! Que sagrado, ouvir apenas as pulsações do coração, mesmo nos braços de uma estranha!

Fiquei pasmado, sem palavras. Indaguei-me: por que a criança não estranhara a pessoa desconhecida?!

Respondi a mim mesmo: porque a criança não identificou nenhuma característica negativa em minha amiga que a fizesse rejeitá-la, pois queria simplesmente uma coisa: o cuidado, um porto seguro. E ali adormecera. Dormia o sono mais profundo, esquecendo-se do mundo de adultos medíocres, ladinos, hipócritas, fanáticos, corruptos, imbecis, racistas, preconceituosos, homofóbicos, xenofóbicos, machistas.

Imediatamente, tirei algumas fotos e fiz a seguinte reflexão para minha amiga: "O gesto desta criança estendendo-te os braços, pedindo-te proteção e cuidado, foi algo divino. Seus gestos afetaram-me. Algo que guardarei em minha memória pela inocência e entrega de um ser indefeso a uma pessoa estranha. Não nascemos preconceituosos nem racistas, mas nos tornamos assim devido ao tipo de educação que nos dão no interior das instituições".

Por que no regaço de nossas mães sentimo-nos tranquilos e seguros?

– Sem dúvida, a mãe é cuidado e envolvimento. Toda criança se sente segura no colo da mamãe. Faz-me lembrar a imagem do Menino Jesus no colo de sua Mãe, a Virgem Maria! No ícone da imagem de Nossa Senhora do Perpétuo do Socorro, o Menino está assustado no colo da Mãe. O que isso significa? Descreve-se, assim, o sentido da imagem: o Menino Jesus, ao ver a cruz, assusta-se e, ao correr ao colo de Maria, caiu-lhe uma das sandálias. Ele aperta as duas mãos dela. Enfim, assustado, olha para o lado, não para Ela; enquanto Maria, segurando o Menino, olha para a frente.

Penso que Ela, ao olhar para a humanidade, quis nos aconselhar: este é meu Filho, segura em sua mão, pois ela tem poder para lhe sustentar e soerguer-lhe.

Simbolicamente, quantas vezes não abrimos nossos braços em busca de um ombro cuidadoso onde, reclinando nossas cabeças, pudéssemos sentir apenas as pulsações do coração, garantindo-nos o restabelecimento do equilíbrio existencial! Isso é saúde.

Certa vez, recebi a visita de uma senhora que veio da zona Sudeste de Teresina para conversar comigo. Aquela idosa queria desabafar suas tristezas e mágoas. Após ouvi-la, aconselhei-a de forma tão simples e compreensível que retornou a sua casa cheia de alegria interior. Disse-me: "Oh, Frei, estou mais aliviada, graças a Deus. Trago esse problema há trinta anos". Há trinta anos aquela pobre senhora carregava sobre si uma infelicidade imensa; achava-se a mulher mais condenada do mundo; dizia a si mesma que não ganharia mais a salvação. Naquele dia, ela tirava de sobre si um jugo que a oprimia há tempos.

Há um *Fioretti* dos escritos de São Francisco em que retrata essa realidade do ser humano: sentir-se acolhido por Deus e deixar-se devorar pelas chamas de seu amor. No texto reflexivo a seguir, apresento um cenário emblemático, em que Francisco, seus companheiros e Clara são envolvidos pela chama de amor e, por extensão, toda a população de Assis que acorrera para aquele lugar onde se encontravam: lugar da teofania do Senhor.

Semelhantemente a Moisés, as pessoas de Assis foram tomadas por um espanto diante do que viam de extraordinário em Santa Maria dos Anjos, na igreja, no convento e na selva, pois, ao mesmo tempo, esses lugares ardiam inteiramente, parecendo um grande incêndio. Ali, a pequena Porciúncula tornava-se a "Terra Santa" franciscana! Nela, Deus se manifestava em seus filhos e suas filhas franciscanos. Por considerar uma "terra sagrada", os frades tiravam as sandálias de seus pés.

Os homens foram até lá e compreenderam que aquele fogo era divino e não material; perceberam naquele fenômeno a pura manifestação de Deus, demonstrando "o fogo do divino amor no qual ardiam as almas daqueles santos frades e santas monjas; de onde voltaram com grande consolação em seus corações e com santa edificação" (*Fioretti,* 15).

Bom entender que o arrebatamento dos frades e das monjas, por meio do fogo do divino amor, não teve efeito tão somente neles mesmos, mas atingiu todos aqueles que acorreram até onde se encontravam. Conta a narrativa que eles voltaram com grande consolação em seus corações. Ora, esta é a missão do frade: orar para que as pessoas que os procuram retornem a seus familiares, trabalhos, lazeres, estudos, consolados em seus corações. Sem dúvida, muitas pessoas nos procuram e querem ouvir uma mensagem de ânimo, de alegria interior.

A oração do religioso franciscano deve manifestar o fogo do divino amor de Deus, arrebatando-o para um estado de plena comunhão com o Pai. Mas não somente isso. Ela deve também fazer com que as pessoas retornem a suas famílias ou atividades "com santa edificação". Nossa missão é edificar os corações espedaçados pelos sofrimentos espirituais. Ou seja, fazer com que elas se sintam animadas e entusiasmadas pela vida.

Conclui o *Fioretti* narrando que, encerrado o cibo espiritual, momento de alimento divino, os frades e as monjas cuidaram do cibo corporal. Encerrando o "bendito jantar", Santa Clara, bem acompanhada, voltou a São Damião.

Texto Reflexivo

Deixar-se devorar pelas chamas do amor

"Francisco começou a falar de Deus tão suave, tão clara, tão maravilhosamente, que, descendo sobre eles a abundância da divina graça, ficaram todos arrebatados em Deus. E estando assim arrebatados, com os olhos e as mãos levantados ao céu, os homens de Assis e de Betona e os da região circunvizinha viram que Santa Maria dos Anjos e todo o convento ardiam inteiramente; e parecia que fosse um grande incêndio que ocupasse a igreja, o convento e a selva, ao mesmo tempo. Pelo que os assistentes com grande pressa correram para ali, crendo firmemente que tudo estava ardendo. Mas, chegando ao convento e não encontrando nada queimado, entraram e acharam São Francisco com Santa Clara e com toda a sua companhia arrebatados em Deus em contemplação, e assentados ao redor desta humilde mesa. Pelo que compreenderam ter sido aquilo fogo divino e não material, o qual Deus tinha feito aparecer miraculosamente para demonstrar e significar o fogo do divino amor no qual ardiam as almas daqueles santos frades e santas monjas; de onde voltaram com grande consolação em seus corações e com santa edificação" (Fioretti, 15).

Terapia existencial

1. Em que momento de sua vida você se sentiu desanimado?
2. O que o faz desanimar de viver?
3. Quais conteúdos fazem você alimentar sua alma?
4. Quando você perde o entusiasmo pela vida?
5. O que se torna essencial para sua caminhada existencial?
6. Você se deixa devorar pelas chamas do amor, de que forma?
7. Frente às incertezas e inseguranças do mundo atual, onde você encontra forças para se manter firme e superando as sensações de incertezas e inseguranças?
8. Em que sentido o Fioretti franciscano pode lhe auxiliar para permanência da chama da alma em sua vida?

Leitura Orante da Palavra: Mt 17,1-13.

Escutar: O que a Palavra diz em si?
Meditar: O que a Palavra diz para mim, hoje?
Orar: O que a Palavra me faz dizer?
Contemplar: A Palavra me leva ao coração de Deus!
Agir transformador: A Palavra leva-me aos outros.

11

Desfragmentar da memória os pensamentos negativos

Não gaste energia com os pensamentos e sentimentos negativos! Não os deixe invadir sua memória continuamente e, caso isso aconteça, procure removê-los para que fiquem arquivados na pasta do esquecimento. Não seja um dispéptico mental, ou seja, uma pessoa doente de indigestão psíquica. Se eles lhe deixam ruim, triste, depressiva, desanimada, por que alimentá-los? Mesmo se sentir prazer em trazê-los dia e noite, cuidado para que não morra em seu próprio enveneno, como os traumas, os pesadelos, as fobias e manias de infância e adolescência.

Ativar a inocência não significa tornar-se uma pessoa alienada e fora do mundo. Não implica em ingenuidade nem ilusão, fantasia, mas uma disposição da psique para esquecer os instantes que incomodam a alma. A cura deve ser na alma. Essa tem de encontrar a forma melhor para encarar as coisas ruins da vida e sentir-se alegre. A felicidade é um estado de alegria interior, da alma. Ela não se encontra no exterior senão no interior da pessoa. Sem dúvida, há felicidade momentâneas, porém são efêmeras. A verdadeira felicidade se apresenta no interior da pessoa, pois é um estado de espírito em que a alma se encontra repleta de alegria.

Nosso próprio corpo produz sensações e pensamentos ruins e bons. Querer fugir dessa realidade humana é pensar em fugir e se esconder em um lugar que não existe. Todos nós trazemos, por menores que sejam, problemas psíquicos que se traduzem em mania, medo, ansiedade, insanidade, fraqueza, dureza, orgulho, arrogância, autossuficiência. Não gastar energia com coisas incômodas. Certo seria arquivá-los, por uma longa duração de tempo, em alguma pasta do esquecimento, e reestruturar a personalidade a partir de conteúdos que nos lhe deem a tranquilidade e a alegria da alma e do espírito.

O correto é: deixarmos que os mortos enterrem seus próprios mortos (Mt 8,22). Significa que não podemos perder tempo trazendo sobre nós cadáveres passados. Não precisamos deixar-nos influenciar por coisas, pensamentos e sentimentos que foram passados. Eles jamais podem nos controlar nem influenciar negativamente. A fraqueza de muitos de nós é deixar-nos controlar por demônios passados. Frente ao passado traumático, digamos apenas para nós mesmos: o que aconteceu, aconteceu, não posso mais voltar ao passado, para consertar algum erro ou pecado. Para Deus, o arrependimento e a coragem de retomar uma nova forma de viver é o que convém para a salvação. O que devemos fazer? – Já indiquei anteriormente: ver o passado com gratuidade, viver o presente com paixão e abraçar o futuro com esperança. Esse é também o conselho do papa Francisco.

Drama existencial

O dispéptico psicológico se empanturra com seus pensamentos negativos. Atendi uma jovem que, após a primeira tentativa de suicídio, continuava com a mesma ideação. Tudo retornava quando imaginava o fato. Tudo se misturava de tal forma que não sabia distinguir o que mais lhe pesava na consciência. Segundo ela, quando pensava no acontecimento passado, sempre se incomodava, fazendo-a sofrer na alma. Daí ficava angustiada e nervosa. Com isso, surgiam-lhe o ressentimento e a culpabilidade.

A moça narrou que, quando lhe vinham as imagens horrorosas, sentia medo e a sensação de que alguma coisa ruim iria lhe acontecer. Disso lhe resultava em uma vontade de chorar: único antídoto que aliviava seu sofrimento na alma. Ela é sempre tomada pelo sentimento de tristeza e angústia.

Revolta-se contra Deus, dizendo: "Será se Deus não vê meu sofrimento?"

A jovem vive aprisionada aos fatos passados. Estes não somente a deixam em estado de pavor, como também a controlam psiquicamente. Durante nossa conversa, porém, descobri que a questão de fundo é: libertar-se da imagem de seu ex-namorado, pois quando traz à memória o fato passado, não consegue perdoá-lo. E, consequentemente, surge-lhe o sentimento de que ele deveria passar por algo ruim, para pagar por tudo que fizera a ela; o rapaz tornou-se culpado de tê-la colocado na situação atual de sofrimento; dizia ela que guardava uma raiva muito grande dele; sentia-se "magoada porque ele retribuiu com uma 'facada' nas costas"; a moça sofria na alma, e ele, agora, segundo ela, estava em uma boa. Isso a machucava muito. Por causa dessa realidade, voltava-lhe a ideação suicída.

Disso resultou que a jovem criou um mal-estar diante da filha, pois, inconscientemente, associava-a ao namorado, como se ela fosse culpada por tudo que vem passando no presente. Ou seja, ela associa a criança ao pai de forma negativa. Daí vem-lhe na alma os sentimentos de ódio, mágoa e rancor.

O que a jovem necessita urgentemente fazer?

Primeiro, perdoar-se a si mesma pela opção que fizera por uma pessoa que não deu certo. Ou seja, reconhecer que, infelizmente, apostou em uma coisa, cujo resultado foi outro, mas nem por isso tudo está perdido; segundo, aceitar a realidade atual e, dentro de suas possibilidades, fazer as pazes consigo mesma e com a criança, que não tem culpa em nada de seu sofrimento atual; terceiro, remover os sentimentos negativos para o arquivo do esquecimento e, enfim, buscar nutrir-se de novos pensamentos, ideias, perspectivas e criar novas saídas para reconstruir a vida.

Importante é também pensar na gratuidade da vida! Vê-la agora por meio do espelho da fé, da alegria e da esperança! Isso implica em perceber em torno de si o quanto pessoas estavam torcendo por sua vitória, a começando pelos familiares. Eleger aqueles valores bons que doravante farão parte de seu novo modo de viver e procurar relacionar-se bem com os outros. Tirar da experiência passada uma lição para as futuras relações amorosas.

Hoje, essa jovem é outra pessoa: convive bem com os familiares, ama sua filha, tem disposição para os estudos e o trabalho, frequenta as missas, revela um sorriso de gratuidade pela vida.

Cuidar da higiene mental

Segundo Santo Agostinho, há duas forças no animal: a primeira se prende ao corpo e vivifica o organismo; a segunda que, além de vivificar, sensibiliza o corpo. É essa força que determina "a cada um dos sentidos a respectiva posição e atividade" (AGOSTINHO, Livro X, 7, p. 273). Essa força organiza os sentidos (audição, olfato, paladar, tato, visão) e fazem os seres exercerem as diversas funções. Os animais, sem inteligência, possuem também essas duas forças. Ambas estão relacionadas às "energias naturais" (AGOSTINHO, Livro X, 8, p. 274).

Agostinho descreve os degraus pelos quais foi se ultrapassando: as duas forças naturais, até alcançar a memória. Aqui estabelece a diferença entre o ser humano e o animal. Na memória, encontram-se "os inúmeros tesouros de imagens de todos os gêneros, trazidas pela percepção" (AGOSTINHO, Livro X, 8, p. 274). Nesse sentido, a memória é o depositário onde se armazenam tudo que os sentidos nos afetam. Ou seja, aquela dimensão corporal, a qual ele denomina de "sensibilidade corporal".

A memória recebe "toda a atividade de nossa mente, que aumenta, diminui ou transforma, de modos diversos, o que os sentidos atingiram, e também tudo o que foi guardado e ainda não foi absorvido e sepultado no esquecimento" (AGOSTINHO, Livro X, 8, p. 274).

A memória faz-nos recordar de todas as experiências do passado, sejam elas positivas ou negativas. Quando recordamos temos consciência de que recordamos algo experimentado em nossa vida, isto é, tomamos consciência de que os acontecimentos fazem parte de nossas vivências passadas. Esse processo não pode ser confundido com a reminiscência, cujo objetivo é recordar de forma incompleta, por meio de vagas lembranças. A memória, pelo contrário, é a faculdade ou operação de poder renascer um estado que já atravessou nossa consciência, que já desapareceu dela e que é considerado como um elemento de nossa experiência passada.

Memorizar é o ato da pessoa fixar as experiências na consciência.

Precisamos aprender com Santo Agostinho sobre os "vastos palácios da memória". Algumas pessoas sofrem muito quando imagens passadas surgem repentinamente em suas consciências, sobretudo, quando lhes são traumáticas e negativas. Essas imagens passadas podem entrar em nossa memória de duas formas: primeiro, elas surgem espontaneamente em nós; e, segundo, podemos também convocar nossa memória as imagens que queremos, pois, para Agostinho, "algumas se apresentam imediatamente; outras fazem-se esperar por mais tempo e parecem ser arrancadas de depositórios mais recônditos" (AGOSTINHO, Livro X, 8, p. 274).

As imagens que são arrancadas de depositórios mais recônditos, quando negativas, maltratam as pessoas, fazendo-as sofrer na alma. Encontram-se ocultas podendo, a qualquer momento, vir como um vulcão em erupção. Ou seja, nós podemos evocar algumas imagens da memória e, de súbito, podem irromper outras "em turbilhão" no lugar daquelas que procurávamos, "pondo-se em evidência, como que a dizerem: "Não somos nós talvez o que procuras"? (AGOSTINHO, Livro X, 8, p. 274).

O que fazer?

Partindo de suas próprias experiências pessoais, afirma Agostinho: "Afasto-as da memória com a mão de meu espírito; emerge então aquela que eu queria, surgindo das sombras. Outras sobrevêm dóceis em grupos ordenados, à medida que as conclamo, uma após outra, as primeiras cedendo lugar às seguintes, e desaparecendo para reaparecer quando quero. Eis o que sucede quando falo de memória" (AGOSTINHO, Livro X, 8, p. 274).

Para o teólogo, a pessoa está sujeita a chamar da memória as imagens que deseja, sabendo que, repentinamente, podem entrar outras indesejáveis, intrusas. Daí se deve fazer como ele nos ensina: afastá-las com a "mão do espírito", deixando ocupar lugar aquelas imagens dóceis. Mas como elas vêm em grupos ordenados, procuremos dar lugar às positivas, fazendo desaparecer as negativas, embora sabendo que fazem parte de nossa memória.

Segundo Agostinho, "a memória armazena tudo isso (os sentidos) em seus amplos recessos e em seus esconderijos secretos e inacessíveis, para ser reencontrado e chamado no momento oportuno. Todas entram, cada uma por sua porta, e em ordem se alojam. Não são os próprios objetos que entram, mas suas imagens pelos sentidos, e que aí ficam à disposição do pensamento, até que este se lembre de chamá-la" (AGOSTINHO, Livro X, 8, p. 274).

Portanto é no "palácio da memória" que nos encontramos com as mais distintas imagens inseridas, pelas sensações externas e internas, em nossa memória, e, estando a nossa disposição, podemos chamá-las e recordar as ações que realizamos, quando, onde e sob que sentimentos as praticamos (AGOSTINHO, Livro X, 8, p. 275).

Uma criança que sofreu no corpo maus-tratos, abusos, estupros, agressões, violências, irá imprimir, em sua memória, as imagens desses atos negativos contra seu corpo. E tais imagens podem retornar à memória conforme a recepção delas em seu corpo pelos sentidos. Suponhamos que foram palavras ríspidas, imorais, xingamentos, a criança, e mais tarde como adulta, ativará os sons nos ouvidos; se foram por gestos agressivos e violentos, ativará a visão; se for por violência física, ativará o corpo que sente pelo tato.

Por outro lado, essa realidade pode também acontecer de forma positiva, quando a criança imprime em sua memória as imagens de atos positivos nas interações sociais com os adultos: gestos de carinho, palavras dóceis e carinhosas. No futuro, as imagens que retornarão a sua memória serão de forma salutar e que a faça feliz e realizada como pessoa.

Texto Reflexivo

Processo de metamorfose

"Em frente a nosso convento, em Teresina, há um pé de currupira que, durante o ano, passa por certos estágios metamorfósicos. De tamanho considerável, a árvore tem uma copa frondosa. Durante cinco anos, eu a vi crescer. Da janela de meu quarto, localizado no primeiro andar, costumava observá-la. Uma coisa sempre me impressionava: seu estado de transformação. Três ou quatro vezes ao ano, ela passa por um processo de mudança, deixando cair todas as suas folhas, por um período de dois meses. A nudez é total. As folhas caem simplesmente com um leve soprar do vento. Incrível! Os desfolhados galhos dão-nos a impressão de que não há vida. Literalmente, ao passo que as últimas amareladas folhas caem, outras novas já começam a surgir por meio de pequenos brotos. Algo fantástico e impressionante! A vida vem ressurgindo!

Dessa observação, compreendi que, na própria natureza, há leis que se encarregam de reorganizar o que parece caos – um processo de autorregeneração. Tudo na natureza se degenera e se regenera, recoberto de nova vida. Percebi que a currupira permanecia com a mesma identidade, a mesma substância, não obstante as mudanças externas. Parte de elementos essenciais a seu organismo morre, a fim de que algo novo renasça, oferecendo-lhe novo vigor. Toda a árvore passa por um processo lento e visível de renovação. Em três semanas, a árvore reencontra-se em total revestimento de belas e exuberantes folhas, de verde expressivo e brilhante. Algo que me levava a pensar no poder regenerador inerente à própria Mãe-Natureza.

Partindo dessa contemplação, olhando com atenção esse processo mutativo de uma árvore, pus-me a refletir como seria tal processo na vida humana! Talvez precisemos passar pelo mesmo processo metamorfósico, um estado de metanoia, em que folhas já amareladas pelo tempo caiam, e novas brotem e cresçam exuberantes e vigorosas! Esse estado significa um sinal de verdadeira transformação e conversão. É algo complexo porque exige um tempo de maturação e paciência, e isso nos faz sofrer. Permanecemos presos ao passado, aos costumes, às morais e às tradições, imaginando serem eternas quando, na verdade, nada mais são do que coisas arcaicas que não nos entusiasmam senão nos transformam em seres estagnados, apáticos, robotizados.

Vejo que regenerar é uma consequência natural das perdas, então quanto posso eu perder para me reinventar melhor do que antes? Sinceramente, não sei! Mas assim como os talos limpos de folhas da currupira, faço dos momentos de reflexões e sofrimentos o suporte para me recriar dia após dia" (Texto do autor do livro).

Terapia existencial

1. Quando imagens indesejáveis, negativas, repentinamente, surgem em sua memória, como você as afasta, deixando ocupar lugar aquelas imagens dóceis?

2. Por que você sente dificuldade de fechar as janelas da consciência para que imagens negativas não a faça adoecer espiritualmente?

3. Em que momento de sua vida você se sentiu revoltada contra Deus?

4. O que o (a) fez se revoltar contra a vida?

5. Quais conteúdos você se alimentou ou se alimenta quando sente sofrer a alma?

6. De que forma você se reinventa diante dos traumas existenciais?

7. Como você desfragmenta da memória as ideias e os pensamentos negativos?

8. Você sente forças para perdoar a si e aos outros?

Leitura Orante da Palavra: Lc 19,5.

Escutar: O que a Palavra diz em si?
Meditar: O que a Palavra diz para mim, hoje?
Orar: O que a Palavra me faz dizer?
Contemplar: A Palavra me leva ao coração de Deus!
Agir transformador: A Palavra leva-me aos outros.

12

Superar a si mesmo

O título dessa reflexão surgiu da leitura da carta de um jovem artista nascido em São Paulo (1990), membro de uma associação de pintores e desenhistas com a boca e os pés. Ele foi vítima de *talidomida*, isto é, uma substância que causa a *Focomelia,* uma síndrome que pode trazer sérias consequências ao feto, como o encurtamento dos membros.

Conheci o trabalho dessa artista por meio de um amigo médico/escritor que me presenteou com um lindo calendário confeccionado por essa associação. Os desenhos do calendário mexeram com minha sensibilidade. Todo o calendário (2019) vem com reproduções de pinturas fantásticas, realizadas com a boca e/ou os pés de vários artistas pintores e desenhistas.

No interior do envelope, o amigo, além de um cartão natalino, original pintado com a boca, inseriu também um texto, escrito com o pé abençoado do artista. Como tantos outros, ele faz parte da Associação de pintores, em São Paulo. Eles desenham e pintam com a boca ou os pés. Por meio de suas obras – cartões e calendários – procuram a autonomia e a independência financeira.

Este foi um dos mais significativos presentes que ganhei no ano de 2018!

No primeiro parágrafo da carta, texto escrito com o pé, ele escreve: "O sucesso geralmente começa com um sonho e a determinação para torná-lo realidade".

Pasmado, admirava-me como o jovem artista, em sua forma de vida, externava um potencial criador o qual, encontrando-se em seu imaginário e em sua alma, tornava-se tangível por meio da arte!

Pus-me a meditar sobre o aforismo do jovem artista. Detive-me bastante, ruminando o sentido e a beleza interior de seu conteúdo! Interpretei que, realmente, nossos sonhos e nossas inspirações somente alcançam o sucesso quando, com determinação e persistência, nós os tornamos reais; quando os fazemos concretizar no cotidiano de nossa vida. Nada cai do céu. Não podemos ficar parados, esperando que outrem faça alguma coisa por nós; temos de correr atrás da realização de nossos sonhos.

Meditava também sobre a missão que cada indivíduo tem a cumprir no mundo. Cada um traz em si uma vontade criadora que deve ser externada por meio de atividades que representam seu desenvolvimento humano. Encabulava-me como pode que pessoas, cujas mãos e cujos pés estão em perfeito estado não se disponham a trabalhar, a fazer alguma atividade física ou intelectual, para seu engajamento e engrandecimento no mundo e nas relações com as outras pessoas!

O artista é um exemplo de superação de suas limitações! Quantas pessoas não trazem seus corpos "perfeitos" e não sabem valorizá-los! O jovem não desperdiçou seu potencial interior. Com determinação, apesar das limitações, alcança suas metas. Se há sucesso em tudo que faz é graças a sua vontade de poder que potencializa as forças ativas inerentes a si.

Drama existencial

Como superar nossas limitações, sejam elas reais ou simbólicas!?

Assim ocorreu comigo, em uma tarde de exuberante sol, na capital da Chapada do Corisco, minha Teresina. Iniciava as primeiras tentativas de andar de *skate*. Ora, uma pessoa em minha idade, cinquenta e cinco anos, ainda se aventurar com esse esporte?! Reconheço que a vontade criadora supera limites quando se busca criar. Acompanhem-me nesta história.

– Levei uma queda de *skate* que quase esfolava o coro das mãos e das pernas – sorrindo, comentei com nossa cozinheira.

– Não é para desistir não, animou-me ela.

– De forma alguma – respondi-lhe – as quedas são para melhorar o desempenho.

Fiquei intrigado com tal resposta e veio-me uma súbita sagrada reflexão, por demais realista e estimuladora: "as quedas não devem nos deixar nocauteados. Elas, pelo contrário, ensinam-nos que podemos nos soerguer e buscar o melhoramento do desempenho. Precisamos voar por meio das asas da autoconfiança. Isso exige coragem para sempre recomeçar".

Tentei três vezes. Na quarta, realizei meu desejo: descer uma das rampas de *skate*. Uma emoção tomou todo o meu corpo, pois nele eu imprimia uma vivência nova. Senti a adrenalina ir aos espaços! Algo fantástico. Percebi que meu desempenho e melhoramento vinham com as várias e incansáveis repetições, incluindo as quedas. Não desistia, persistia. O resultado era que eu já realizava algumas manobras com maior segurança e autoconfiança. Quando há emoção no que fazemos, a alma, como diz Rubem Alves, voa em busca do fruto sonhado. Implica dizer que "o afeto é o movimento da alma na busca do objeto de sua fome". Eu tenho fome de aprender sempre mais. Para isso, lanço-me na busca do fruto de meu desejo.

Minhas primeiras tentativas, de descer uma das rampas *Double side*, foram marcadas por um sentimento de medo. O obstáculo, por alguns instantes, paralisava-me, levava-me a refletir se faria o exercício ou não. Claro, essas apreensões fazem parte de toda a aventura. Porém a coragem, como virtude, foi mais forte, imperou. Medo e coragem são sentimentos que nos acompanham. O primeiro prende-nos, refreia nossos desejos e nossas vontades; o segundo liberta-nos, empurra-nos a buscar o objeto sonhado. A escolha depende de cada um. O importante é se aventurar. Escreve uma filósofa: "A coragem é o medo em movimento". Assim eu o experimentei. Foi uma realidade. O sucesso se alcança com a coragem e a ousadia em movimento desafiando o medo.

Lembro-me do Apóstolo Pedro. Certa vez, ele quis andar sobre as águas. Jesus Cristo deu-lhe a oportunidade, porém o medo o fez ir ao fundo. Ele não se emocionou; pelo contrário, não confiou nem em si nem no Cristo que tinha o poder para dominar seu medo (Mt 14,22-32).

Em toda emoção há um afeto que nos leva a superar todo e qualquer obstáculo. A vida é construída por meio de obstáculos. Minhas quedas, nas práticas do *skate*, revelaram o quanto eu poderia alcançar um desempenho de maior qualidade. Não desisti. Retornei a fazer as mesmas tentativas. A emoção aumentava, a cada vez que eu descia a rampa. Isso foi um instante de sagrada e funda alegria! Gritei de contentamento porque superara o medo e injetara mais ainda a autoconfiança em minhas forças.

Quando há em nós um querer forte, algo nos afeta de tal forma que somos como que empurrados em direção ao objeto do desejo, basta acreditarmos e irmos atrás desse objeto.

O inusitado aconteceu em uma noite de dois mil e dezessete. Retornando de Floriano, subiu-me a vontade de fazer alguns treinos. O corpo estava tenso da viagem, mesmo assim preferi correr os riscos. E vieram. Não me exercitei anteriormente. Os treinos estavam indo muito bem. Enchia-me de coragem e autoconfiança pelo processo de desempenho por que vinha passando. Resolvi descer uma rampa um pouco mais declinada. Ocorreu que me desequilibrei e cai de costas com a cabeça ao chão. A pancada foi muito grande. Fiquei muito triste. Levantei-me e contei a um dos skatistas, um jovem alto, pardo e magro. Silenciosamente, ele tentou me animar a não desistir.

Retornei para casa. Tomei banho. Porém preocupado com a queda, resolvi ir ao Hospital. Havia um médico de plantão. Falei sobre o caso que de imediato pediu uma tomografia. Fiz. Mas o resultado não indicava nenhum traumatismo craniano. Senti-me alegre e feliz com o resultado. Porém, por causa desse fato, para não me expor a outros riscos, doei o *skate* a um adolescente pobre que ficou bastante feliz com esse presente.

Minha aventura para praticar *skate* foi rápida. Mas gostaria de narrar como se deu meu interesse por esse esporte. Tudo se iniciou na tarde de uma sexta-feira, do mês de meu aniversário, setembro de dois mil e dezesseis. Resolvi fazer uma caminhada de uma hora. Fui ao Parque da Cidadania – um espaço de entretenimento, localizado no cruzamento das principais avenidas do centro de Teresina, Frei Serafim e Miguel Rosa, por trás da antiga Estação de Trem.

Inaugurado em dois mil e quinze, o Parque atrai famílias e juventudes de diferentes matizes. Algumas famílias aproveitam para celebrar aniversário de crianças. Estendem toalhas sobre o gramado e fazem a festa. Namorados se encontram. É uma coisa interativa. Esplêndido espaço! Em seus mais de oito hectares, há uma estrutura com diversas opções de lazer e esporte, como pista de caminhada, ciclismo, pista de *skate* e um anfiteatro. Há também *wi-fi* gratuito. Existe uma exposição de arte santeira, cujas peças são talhadas em madeira.

Assim, dessa vez, caminhando no Parque, passando próximo à pista de *skate*, subiu-me a curiosidade de olhar os *ollies* dos entusiasmados praticantes desse esporte. Suas agilidades criativas, nas mais aventurosas manobras radicais, chamaram-me a atenção. Aproximei-me um pouco mais do espaço. Aproveitando o *stop* de um jovem pardo, magro, estatura média, perguntei-lhe se aquela atividade seria difícil para uma pessoa de cinquenta e cinco anos. Sorrindo, e de imediato, ofereceu-me seu *skate*, garantindo auxiliar-me. E assim, segurando minha mão, ensinou-me posicionar os pés na prancha e como dar os impulsos para fazer correr o veículo. Assim o fiz. Era a primeira vez. Senti-me emocionado e alegre. Perguntei-lhe seu nome. "Lucas" – respondeu-me sorrindo! Agradeci-lhe sua atenção e solicitude. Daí ele convidou-me para retornar em certo sábado, pois haveria oficina de *skate* com alguns professores.

Retornei, naquele sábado, à tarde e, para minha surpresa, um dos instrutores era um jovem com quem vivenciei os tempos em que participara do Hip Hop. À época, décadas de noventa e dois mil, ele, adolescente, já fazia *skate*. O jovem sempre foi um apaixonado e dedicado a esse esporte. Naquele tempo, somente uma vez, tentei subir em uma prancha. Há uma foto representando esse momento. Em todo caso, reencontramo-nos. Ele deu-me as primeiras aulas de como subir sobre a base, postura do corpo, remar e se equilibrar. Primeiras instruções básicas. Vivenciei uma sensação muito boa, uma emoção inexplicável! Eu prometi-lhe comprar um skate. Sorrindo, talvez sem querer acreditar, indicou-me o nome da loja. Terminada a oficina despedimo-nos.

Em uma dessas manhãs, fui à loja "Umana", próxima à Praça João Luiz Ferreira. Lá encontrei o irmão de um ex-frade nosso. Ele sorriu quando me viu. Falei-lhe que queria comprar uma prancha de skate. Derramando-se em risos, mas de contentamento, mostrou-me vários modelos. Eu não entendia nada. Contudo, pedi-lhe que me ajudasse escolher um dentre aqueles vários tipos. E, assim, indicou-me uma prancha suficientemente boa para iniciantes.

Conversando com os praticantes desse esporte, sobre minhas quedas, para eufemizar o fato, animaram-me dizendo que todos aqueles lá já haviam ido ao chão, e alguns com graves ferimentos e comprometimento de órgãos, como braços e pernas fraturadas. Contudo, não se desanimaram, permaneceram firmes até alcançarem o ideal que cada um traz de tornar-se um excelente skatista. Uma coisa aprendi: as trocas de experiências fazem com que nos entusiasmemos e não desistamos das coisas nem da vida.

Cuidar da higiene mental

O desejo de superação deve ser a meta de todo ser humano. Para isso, ele precisa lutar diuturnamente. Conscientes de nossas limitações, devemos buscar superar a nós mesmos. Os erros ajudam-nos a melhorar o desempenho e alcançar os bons resultados; eles ensinaram-nos como lidar com situações que exigem buscar possibilidades viáveis; delas, saímos mais fortalecidos e autoconfiantes. As limitações encorajam-nos a não desistir, mesmo sabendo dos riscos. À medida que crescemos e amadurecemos, sentimo-nos seguros no uso de meios que nos auxiliam no desempenho e no alcance de bons fins. Requer, evidentemente, persistência e determinação.

Meditando sobre a vida do jovem artista, revivi minha caminhada de cientista religioso! Quão grande não foram minhas lutas para superar as limitações intelectuais durante os estudos superiores, pois meus estudos foram bastante limitados em suas bases primárias e secundárias. Relembro muito bem um confrade estudante que, ao chegar para estudar filosofia, no Seminário Sagrado Coração de Jesus Regional do Piauí, sentira dificuldade de assimilar e interpretar os textos filosóficos, aliás, eu também sentira as mesmas limitações, porém, ele se desesperou e, meses depois, abandonou o curso, voltando para casa. Mas diante daquela realidade que me impunha, falei a mim mesmo: "não voltarei atrás, tenho de superar minhas fragilidades e limitações". Nunca fiquei reprovado em nenhuma matéria, passava com a média; porém, no curso de Teologia, eu já me sentia seguro das categorias filosóficas e dos métodos de estudo. As notas melhoraram consideravelmente.

Toda a minha vida, como sacerdote e cientista franciscano, foi sempre de superação, pois nada veio de graça e de oportunismo. Se galguei algum patamar, foi graças ao meu desempenho, minha dedicação e autoconfiança: como falar em público, como melhorar a homilia, como celebrar as missas, como escrever com profundidade. Ao tempo em que ministrei aulas nas universidades e faculdades, mantinha sempre o foco em buscar a excelência em sala de aula. Conseguia. Em algumas delas, quando sentia que não fora excelente, retomava as práticas pedagógicas de ensino.

O que nos torna diferente dos outros animais é nossa capacidade para racionalização e sensibilização. Temos as forças cognitivas que nos capacitam para a reflexão e compreensão dos fenômenos, das percepções, das intuições e das transpirações. Sonhamos e temos consciência de nossas omissões, nossos atos e pensamentos. Ademais, somos tomados por sentimentos que nos fazem sentir sensações e situações negativas e positivas; com os sofrimentos do outro sentimos compaixão, ternura, tristeza e nos pomos a cuidar e amar; avaliamos as coisas também belas e boas. Enfim, temos a capacidade de construir modos de viver com os outros, por meio de um conjunto de preceitos éticos e morais pelos quais deixamos nos orientar para o bem viver em paz com os diferentes indivíduos. Por isso, antropologicamente, somos criadores de cultura.

Praticar o amor ainda é uma virtude que pode salvar a humanidade da barbárie. Com efeito, o amor ainda é a mola mestra que faz com que não entremos em total destruição mútua. Para além de uma conotação religiosa, o amor é a mais pura manifestação de nossa capacidade racional, ética e estética para quebrar certos entraves que nos impedem de dar um passo ao encontro do outro. Somente amando, podemos tolerar e respeitar o diferente. Santa Teresa de Calcutá, certa vez, diante de um turista americano que, ao vê-la banhando um leproso, comentou: "Eu não faria isso ainda que me pagassem um milhão de dólares", respondeu-lhe ela: "O senhor não daria banho em um leproso nem por um milhão de dólares? Eu também não. Só por amor se pode dar banho em um leproso".

Realmente, somente por amor o ser humano pode sair de si e ir ao encontro do outro e habituar-se para servi-lo. Contudo, amar não é fácil, devido a essa fundamental exigência. O paradigma dessa mudança foi São Francisco de Assis. Literalmente, afirma ele que tinha nojo dos leprosos; quando os via, passava adiante e sentia repugnância; porém, após sua conversão, passou a ver de modo diferente esse outro que lhe era estranho. Mais tarde escreveu: "aquilo que era amargo, tornou-se doce". Esse é um processo de *metanoia*: quando se quer viver uma forma de vida anunciada e vivida por Jesus Cristo.

Refletindo sobre as duas experiências narradas, posso afirmar com o jovem artista que "O sucesso geralmente começa com um sonho e a determinação para torná-lo realidade". Muitas pessoas alcançam tal sucesso quando são afetadas por alguma força dentro de si que a fazem, com determinação e agilidade, alcançar seus sonhos. Aquelas que estão sempre procrastinando seus sonhos tornam-se incapazes e infelizes, porque o medo as faz desenvolver uma apatia paralisante.

Texto Reflexivo

O processo de metamorfose

"Há muitas realizações difíceis para o espírito, desde que ele seja forte, sólido, respeitável. Ele é quem clama por desafios, pois sua força exige enfrentar as mais terríveis dificuldades. O que é difícil? – pergunta o espírito sólido que se ajoelha como o camelo, para que essa carga seja colocada sobre ele. O que há de mais difícil, meus heróis – pergunta o espírito sólido – para que eu coloque sobre as costas e sinta prazer em ser forte? Não será preciso se humilhar, para que o orgulho padeça? E deixar florescer a insensatez, para poder zombar da sabedoria? Ou será preciso abandonar nossa causa, no exato momento em que ela festeja a vitória? Ou talvez escalar altas montanhas, para tentar o que nos tenta? Ou será necessário alimentar-se de frutos, de ervas do conhecimento e, por amor à verdade, deixar a alma faminta? Quem sabe cair enfermo e dispensar quem nos consola e fazer amizade com os surdos que nunca ouvem o que queremos? Ou mergulhar em água suja, quando for a água da verdade, e conviver com as rãs frias e os sapos quentes? Ou amar os que nos desprezam e estender a mão ao fantasma que nos quer assustar?" (Nietzsche, 2007).

Terapia existencial

1. Como você reflete o tema desse capítulo: saber superar-se.
2. Alguma vez você se deparou em situações-limites que a (o) fez paralisar?
3. De que forma você poderia tomar o exemplo do jovem artista como paradigma de superação de seus medos e traumas?
4. Você procrastina os sonhos por causa de algum medo?

5. Que pessoas foram essenciais em sua luta para alcançar seus sonhos?

6. Como você medita o esforço dos quatro homens do Evangelho (abaixo), lutando para superar os obstáculos e colocar o paralítico diante de Jesus Cristo, a fim de que o doente recebesse a cura de sua paralisia? Quais são os sinais de determinação e superação?

Leitura Orante da Palavra: Mc 2,1-12.

Escutar: O que a Palavra diz em si?
Meditar: O que a Palavra diz para mim, hoje?
Orar: O que a Palavra me faz dizer?
Contemplar: A Palavra me leva ao coração de Deus!
Agir transformador: A Palavra leva-me aos outros.

BIBLIOGRAFIA

ADORNO, Theodo. *A educação contra a barbárie*. Entrevista, 1968. Fonte: Debates. Transcrição e HTML: Fernando Araújo. www.marxists.org

AGOSTINHO, Santo. *Confissões*. São Paulo: Paulus, 2020.

BAUMAN, Zygmunt. *Modernidade Líquida*. São Paulo: Zahar, 2001.

BERGER, Peter L. *Perspectivas sociológicas: uma visão humanística*. Petrópolis (RJ): Vozes, 1986.

BÍBLIA de Jerusalém. São Paulo: Paulinas, 1981.

BÍBLIA Sagrada, Edição Pastoral. São Paulo: Paulus, 1991.

CAMUS, Albert. *O mito de Sísivo*. Rio de Janeiro e São Paulo: Record, 2014.

CELANO, Tomás de. *Escritos e biografias de São Francisco*. Petrópolis (RJ): Vozes, 1988.

DELEUZE, Gilles. *Nietzsche e a Filosofia*. Rés-Editora: Portugal, 2001.

DURKEIM, Émile. *O Suicídio*. São Paulo: Martins Fontes, 2000.

FERRY, Luc. *Aprender a viver: filosofia para os novos tempos*. Rio de Janeiro: Objetiva, 2007.

NIETIZSCHE, Friedrich. *Ecce Homo*. São Paulo: Companhia das Letras, 1995.

_______. *Genealogia da Moral*. São Paulo: Companhia das Letras, 1998.

_______. *Assim Falava Zaratustra*. São Paulo: Centauro, 2007.

_______. *Fragmentos finais*. Brasília: Editora Universitária de Brasília, 2007.

Papa Francisco. *Carta Apostólica às Pessoas Consagradas*. São Paulo: Paulinas, 2014.

SILVA, Antonio Leandro. *Indivíduos sem religião: desencantamento metafísico do mundo*. Jundiaí (SP), Paco Editorial: 2013.

STEIN, Edith. *A ciência da Cruz: estudos sobre São João da Cruz*. São Paulo: Edições Loyola, 2014.

TALEC, Pierre. *Serenidade: tesouro cultivado dia a dia*. São Paulo: Paulinas, 1998.

Este livro foi composto com as famílias tipográficas Cantonia, Minion Pro, Frutiger Ultra Black e Segoe e impresso em papel Offset 63g/m² pela **Gráfica Santuário.**